Jorge Edwards

EDICIONES DE CULTURA HISPÁNICA
AGENCIA ESPAÑOLA DE COOPERACIÓN INTERNACIONAL
Avda. Reyes Católicos, 4 - 28040 Madrid

NIPO: 028-98-031-1
ISBN: 84-7232-809-0
Depósito Legal: M-38653-1998

Impreso en: Bouncopy, S.A.
            c/ San Romualdo, 26
            28037 MADRID

Edición coordinada por
Blas Matamoro

Jorge Edwards

La Semana de Autor sobre Jorge Edwards
se celebró en Madrid del 27 al 31 de octubre de 1997
en Casa de América

AGENCIA ESPAÑOLA DE
COOPERACION INTERNACIONAL

Ediciones de Cultura Hispánica
Madrid, 1998

Índice

Introducción

Toda vida humana es una suerte de matrimonio indisoluble (hasta que la muerte lo disuelve, como reza el tópico) y también una lucha, con el tiempo. En ciertos escritores, esta dimensión viva y transitoria de la existencia, se hace elemento privilegiado. Una larga lista de ejemplos al respecto nos conduce, inevitablemente, hasta Jorge Edwards.

Las condiciones sociales y culturales de su origen podían haberlo acolchado contra las sorpresas, jubilosas o macabras, del tiempo. Proveniente de una familia patricia, de buen pasar económico, receptor de una educación refinada, fácil aceptado en los círculos áulicos de Chile, Edwards pudo permanecer ajeno a los bandazos del contorno y entregarse a sus deleites privados: la lectura, el viaje, la tertulia.

No fue así. Pronto, la mirada del joven escritor fue más allá del muro de marfil que circundaba su medio y se interesó por el lado sombrío de su sociedad: las poblaciones marginales, la pobreza, el atraso, la sordidez. A ello se unió una de sus más sostenidas vocaciones: la crónica. Este género, a veces considerado menor por el canon literario consabido, resulta, sin embargo, de un pacto privilegiado entre el escritor y el tiempo. Se trata de advertir en qué medida lo que ocurre en el tiempo corresponde a lo que es en el Tiempo.

Un cronista cabal, en efecto, no es un mero descriptor de anécdotas que importan como tales eventos, como cosas que ocurren y que dejan de ocurrir. Un cronista cabal sabe detallar lo que percibe o recuerda pero, además, distingue entre lo efímero y lo recurrente, entre lo que transcurre y lo que vuelve, lo que desaparece y lo que permanece. Por eso sigue y desmiente al tiempo, vinculándolo con el Tiempo, con esa sustancia previa a la vida y sin la cual es inconcebible la vida misma. El Tiempo, que está fuera de la vida es, por incisiva paradoja, su mejor aliado y su destino: seguir.

La crónica es una experiencia personal y profesional de Edwards que impregna toda su obra. Aun cuando intenta un fresco social, como en *Los convidados de piedra*, o cuando construye una alegoría histórica, como en *Museo de cera*, o se envisca en la averiguación psicológica, como en *El origen del mundo*, los elementos que le valen para su trabajo son cosas recogidas a lo largo de los años, por mejor decir de los días, por mejor decir de las horas.

Un dato especialmente significativo es la fidelidad de Edwards a ciertos lugares, a ciertas ciudades como Santiago y París (vinculadas en la clásica imaginación sudamericana por tantos motivos), además de su paso por otros puntos del planeta que lo han marcado por su asociación con episodios decisivos de su vida: la Barcelona del destierro y La Habana de su experiencia como diplomático en la Cuba castrista.

La crónica, por otra parte, vinculada a Edwards no sólo con la tradición fuerte de los cronistas chilenos del siglo XIX, sino con el gesto fundador de la literatura latinoamericana. En efecto, los primeros textos que suscita América son las anotaciones de Cristobal Colón en su diario, que abre el ancho campo a los cronistas de Indias, pero que construye, además, el espacio del doble viaje. Con el tiempo, los escritores americanos harán de la crónica que relata el viaje inverso, de América a Europa, en textos tan cruciales como las cartas de viaje de Sarmiento, las memorias de fray Servando, las evocaciones de Alfonso Reyes, hasta los Estados Unidos vistos por José Vasconcelos o la India revisitada por Octavio Paz.

La crónica, que funda, como acabo de recordar, la literatura del continente americano, diseña una actitud cultural importante: la necesidad del intelectual de América de conectarse con el mundo circundante, de salir de sí mismo, en ese doble movimiento espiritual que comprende la alteración y el entusiasmo. Ir en busca del otro con ánimo entusiasta: esa es la clave del viaje que da lugar a la crónica.

La asociación de Edwards con el tiempo y el Tiempo tiene otra consecuencia de provecho, esta vez explícitamente política. Su curiosidad por la circunstancia y, en segundo plano, su oficio diplomático, lo han empujado hacia la escena del poder desde la cual se deciden las direcciones de la vida en común. No ha pisado apenas las tablas del escenario, pero ha estado y está cerca de él, con una infatigable atención y una escéptica pero sostenida creencia en el valor de la profesión política. Suele ocurrir que un escéptico, en el sentido de aquel que cree en el poder de la duda como creadora del saber, es quien mejor cultiva sus curiosidades, en tanto el dogmático o el crédulo, a pesar de las apariencias, lo que consiguen a menudo es enturbiarlas con sus rudas convicciones.

Si como narrador, Edwards se tiñe de cronista, cuando ha hecho memorialismo lo ha cumplido con trucos de novelista. En efecto, los retratos de Pablo Neruda (en *Adiós poeta*) y de Fidel Castro (en *Persona non grata*) están trazados con el golpe de vista de ese psicólogo intuitivo que es el narrador, y tratados con el gusto por el reverso de lo aparente que tiene un auténtico retratista de lo invisible, de eso que se llamaba y se dejó de llamar, no sabemos por cuánto tiempo, alma. Desde la distancia curiosa o desde el cariño personalísimo (Castro y Neruda, respectivamente), el retrato del "personaje real" responde a las exigencias de un narrador de ficción. Finalmente, como el mismo Edwards explica en alguna de sus intervenciones, narrar es siempre narrar y el pasado histórico sólo cobra realidad y se puede comenzar a razonar, cuando ha sido convertido en una narración, lo mismo que pasa con una novela. Del cúmulo inabarcable de elementos y datos que nos proporciona (tan desproporcionadamente) la vida, sólo quedan a disposición de la inteligencia los que entran en un cuento.

Al convocar esta Semana de Autor, la AECI ha querido cumplir con varios objetivos: acercar la persona, esta vez más bien grata, de Jorge Edwards a sus lectores españoles; mediar entre ellos y la obra del escritor chileno gracias a los oficios de críticos y estudiosos; convertir la soledad de la lectura en una conversación vivaz, por medio del coloquio y la ponencia; en todo caso, estimular a quienes participaron en los eventos –desdel el profesor que se especializa, hasta el colega y amigo que da testimonio de su interés por la persona y la obra de Edwards– a que actúen como lectores, es decir como los operadores que tienen en sus manos el inmenso poder de recrear un texto y sin los cuales el texto no acaba de empezar a ser.

La obra de Jorge Edwards afecta, en primer lugar, a la literatura chilena, cuyos lazos generacionales y tendenciales están bien descritos en una de las sesiones de la Semana. Luego, a la literatura de nuestra lengua, pues Edwards, aunque siempre atento al detalle de lo observado, nunca se ha encerrado en el particularismo casticista –todo lo contrario, más bien militó de joven contra él–, proponiendo su obra como universal, sin dejar de escribirla en español, y convocando al amplio público lector de la lengua común, sin parcialidades regionales ni jergas de sociedad hermética.

Esta apertura de su discurso sirve para explicar su aceptación entre los diversos conglomerados de lectores que esperan y siguen sus libros y sus artículos en todos los rincones del idioma.

Jorge Edwards es un escritor que alguna vez salió de su ciudad con el secreto designio de volver a ella, y se encontró con esa ciudad propia en muchas ciudades del mundo. Siempre está regresando a alguna de ellas, donde lo espera un lector.

Blas Matamoro

Primera sesión

Lunes, 27 de octubre
El Chile literario de los años 50 y 60: el punto de partida y los maestros de Jorge Edwards

Tomás Rodríguez Pantoja

Este año lo vamos a dedicar al análisis y estudio de la figura de Jorge Edwards, quien, como todos ustedes saben, es una figura emblemática en el mundo de las letras hispanas en general, y sobre todo de las letras hispanoamericanas. Es curioso que cuando desde España examinamos muchas veces esta especie de moda que hay de la literatura en español pecamos en ocasiones de falta de humildad en cuanto a las razones por las cuales hoy el castellano, como forma de expresión escrita, está de moda. Yo creo que, en un porcentaje altísimo, se lo debemos a la literatura iberoamericana. Cuando en España estábamos todavía excesivamente encandilados con Europa, con la Edad Moderna, con hacer un país muy moderno y avanzado, a lo mejor nos estábamos olvidando de la importancia que tiene coger el lápiz y, sobre el papel en blanco, empezar a proyectar sensaciones, emociones, sentimientos, y en esto, evidentemente, los escritores hispanoamericanos nos adelantaron con mucho. Por eso empezaron a ganar premios y galardones a todos los niveles internacionales, y eso, probablemente, nos arrastró a todos los que escribimos en español a hacer un acto de reflexión y a intentar hacer, de verdad, una literatura en español a un nivel tan alto como el que la pusieron estos autores iberoamericanos, entre ellos el propio Jorge Edwards. Yo espero que a lo largo de esta semana sepamos mucho más de la figura del autor, de su obra y, en general, de lo que representa, para los que hablamos este idioma, la escritura en español en la actualidad.

Voy a ceder la palabra a Jesús Gracia, Director General del Instituto de Cooperación Iberoamericana, que será quien dirija y modere este acto. Muchas gracias por su presencia.

Jesús Gracia

Muchas gracias. Excelentísimo señor Embajador de Chile, amigas y amigos: como director del Instituto de Cooperación Iberoamericana me cabe el honor de presentar esta decimosexta edición de la Semana de Autor. Y cuando una actividad cultural como ésta que ahora se inicia alcanza su decimosexta edición, podemos concluir que se halla claramente consolidada por el favor del público asistente y de los medios de comunicación, ávidos de apreciar en profundidad la calidad de las letras iberoamericanas, encarnadas en quienes, desde 1983, han recibido el homenaje de los lectores españoles en estas sesiones: Ernesto Sábato, Augusto Roa Bastos, Mario Vargas Llosa, Arturo Uslar Pietri, Jorge Amado, Alfredo Bryce Echenique, Octavio Paz, Manuel Puig, Adolfo Bioy Casares, Augusto Monterroso, Álvaro Mutis, José Saramago, José Donoso, Abel Posse y Guillermo Cabrera Infante han podido experimentar, en el transcurso de las mesas redondas a ellos dedicadas, la calidez de la acogida española a tantas y tan variadas formas de enriquecer el patrimonio común del idioma castellano, modulado por los matices y las variedades nacionales del continente americano.

Estas semanas pretenden ser también un reconocimiento a nuestros países hermanos por haber consagrado sus mejores energías al cuidado y defensa de nuestra lengua, un legado que ha prevalecido sobre accidentes históricos y que nos es devuelto con creces cada día por el genio creador de tantos poetas, narradores, ensayistas y dramaturgos del otro lado del Atlántico.

Chile tiene su propia voz, de una particular resonancia en estas Semanas de Autor. Al gran José Donoso, desgraciadamente desaparecido, le sucede en esta ocasión otro maestro de las letras chilenas, que ha sabido navegar con igual pericia tanto por las revueltas aguas de la diplomacia como por las más tranquilas de la fabulación y de la crónica: Jorge Edwards. Se cometería una gravísima injusticia literaria si prevaleciera de manera exclusiva en los lectores la imagen del Edwards asociado al aldabonazo que significó la aparición de *Persona non grata* en 1973, por muy crucial que sea esta publicación en su carrera y en la de toda esa generación iberoamericana que se vio sacudida por ese inesperado terremoto. La raíz creativa de Edwards se remonta, nada más y nada menos, que a 1952, fecha en la que un exiliado español —que después sería asesinado bajo la dictadura de Pinochet—, Carmelo Soria, le editó su primer libro de cuentos, *El patio*. La asociación de Jorge Edwards con la España peregrina se repite de nuevo en la lectura de sus primeros textos literarios en el programa de radio "Cruz del Sur", que dirigía otro compatriota nuestro arribado a tierras chilenas tras la victoria franquista. Desde entonces hasta hoy, el autor que hoy nos acompaña ha desplegado su prosa elegante, rigurosa y cargada de ingenio, en amenas e imaginativas novelas, en cuentos espontáneos y bienhumorados, en ensayos equilibrados y reflexivos y en memorias verazmente subjetivas. Su propia biografía es pura literatura, sujeta como ha estado a los avatares del mundo cultural chileno y a su ejercicio profesional como diplomático. Comprometido observador de la realidad, su privilegiada relación con Neruda, reflejada en *Adiós, poeta*, le permitió, en sus propias palabras, "tomar palco para contemplar el itinerario vital y creativo del autor de las *Odas elementales*". Por otro lado, su sentido crítico y su cosmopolitismo nos han permitido conocer, como en una fotografía sociológica, la mutaciones producidas en la sociedad chilena y, en particular, en el pequeño mundo de su burguesía, a la que dibuja sin concesiones y con extremada precisión. Su sosegada cita con la libertad le ha deparado no pocos disgustos, pero ha enriquecido sus registros de escritor con multitud de experiencias que ha sabido llevar a la categoría de literatura con una amplia variedad temática y una calidad estilística que le sitúan entre la elite creadora de América.

La Agencia Española de Cooperación Internacional, organizadora de este evento, quiere agradecer muy sinceramente a Jorge Edwards las facilidades otorgadas para que pudiéramos llevar a buen puerto esta Semana de Autor en colaboración con la Casa de América. Igualmente queremos expresar nuestro reconocimiento a todos los participantes en las mesas redondas por su colaboración, que sin duda será esencial para dar brillo a estas jornadas; a los medios de comunicación, que tan sensibles han sido a la importancia de estos actos, y al público que nos acompañará en estas sesiones y que es el destinatario natural del mensaje literario de Jorge Edwards.

Por último, no podemos olvidar la amistosa ayuda de la Embajada de Chile en Madrid y de esta Casa de América que hoy nos acoge con su proverbial hospitalidad. La palabra, los libros y el idioma prevalecerán sobre los claroscuros que alguna vez existieron entre nuestros pueblos, y estas Semanas de Autor quieren ser una prueba más de la cooperación cultural entre España e Iberoamérica, de que es posible el entendimiento definitivo entre nuestras naciones si aceptamos, como hizo Neruda en verso memorable, que "la luz vino a pesar de los puñales". Desde la Agencia Española de Cooperación, y en concreto desde el Instituto de Cooperación Iberoamericana, estamos poniendo nuestro empeño para que este hermanamiento cultural entre España e Iberoamérica se haga efectivo día a día, y quisiera expresar también aquí mi agradecimiento al equipo cultural del ICI, y muy especialmente a Julián Soriano, que es el responsable desde hace unos años de estas Semanas de Autor que han reunido a lo más granado de nuestra literatura a lo largo de los últimos tiempos.

Muchas gracias. Cedo la palabra a don Teodosio Fernández, que será el moderador de la mesa de hoy.

Teodosio Fernández

Buenas tardes. Quiero agradecer a los organizadores de esta Semana de Autor, y especialmente a Julián Soriano, que me ha ofrecido colaborar una vez más en un homenaje a un escritor hispanoamericano, esta oportunidad de estar aquí, que para mí, por supuesto, constituye un honor. Quiero recordar desde esta tribuna que, por esta vez, la Semana de Autor se interrumpirá a partir del miércoles por causas ajenas a la organización, y que se reanudará el viernes, con la sesión final que moderará Blas Matamoro.

Mi función aquí, tal y como consta en el programa, es la de moderador, pero no sé muy bien en qué consiste. Supongo que será la función de introducir a los participantes, que son Carmen Riera, Bernard Schulz y Mauricio Wacquez. No sé si el ser moderador me otorga el derecho de decir unas palabras sobre Jorge Edwards y sobre la mesa que hoy nos reúne, que girará alrededor de la obra de Edwards, el mundo de Edwards y la historia de Edwards durante los años cincuenta y sesenta. Quizá conviene decir algo, porque, como es bien sabido, Edwards es conocido sobre todo a partir de *Persona non grata* y de su experiencia cubana, y lo que precede a *Persona non grata*, que es ese libro magnífico de memorias de esa experiencia en La Habana, constituye, para los no chilenos, algo así como la prehistoria de Edwards. Es conveniente tener en cuenta que esa prehistoria de Jorge Edwards significa una prolongada actividad literaria, y que a esa época pertenecen casi todos los cuentos que escribió y que luego reunió en libros como *El patio*, o como *Gente de ciudad* y *Las máscaras*, entre otros, de manera que Edwards era ya una de las personalidades más significativas de esa generación que la crítica llama "generación del 50", que más o menos se corresponde con aquellos que nacieron hacia 1920, por lo que el añorado José Donoso sería uno de los más viejos, y Jorge Edwards, uno de los más jóvenes. A esa generación chilena se le atribuye un determinado papel en la historia de la literatura del país: cuando ellos irrumpen, hacia la década de los cincuenta, la literatura chilena tenía una apariencia muy conservadora, y esta Generación del 50 se caracterizó por romper con esa tradición marcada por el realismo y la preocupación social que, a causa de los sucesos políticos del año treinta y ocho, con la llegada del Frente Popular al poder, imperó durante casi dos décadas. Estos escritores llevaron a Chile otras literaturas, al abrir culturalmente un país que, hasta ese momento, a lo más que había llegado era a un mínimo intercambio cultural y literario con Argentina. Por otra parte, la Generación del 50 significaría una búsqueda existencial alejada del localismo al uso. A estas alturas tal vez todo eso se vea de otro modo, y ese otro modo es el que permite leer con mayor inteligencia y profundidad la obra narrativa de Edwards después de *Persona non grata* y después de lo ocurrido con la Unidad Popular y el régimen de Pinochet.

En fin, no sé si en los próximos días se abordarán estos temas. En esos años ocurrieron tantas cosas tan fascinantes que a veces conviene volver a las doscientas primeras páginas de *Adiós, poeta*, que son esas espléndidas memorias de Edwards a propósito de Neruda, porque en ellas se encuentra mucho de lo que Edwards pudo vivir en el Chile de sus tiempos de estudiante y de la bohemia que lo llevó a la literatura, así como sus experiencias diplomáticas en París o en Lima. Esas páginas, en fin, son el testimonio de una época de sobresaltos, ya antes del golpe de Estado de Pinochet.

Nada más. Cedo la palabra a Carmen Riera, de quien, como todo el mundo sabe, o debería saber, su aspecto académico es el menos interesante. Ella es catedrática de literatura española en la Universidad Autónoma de Barcelona, y una gran especialista en el Siglo de Oro y en literatura contemporánea. Pero también es una de nuestras más grandes representantes de nuestra literatura en lengua catalana. Para no complicar demasiado las cosas, haré una referencia a los demás: después vendrá Bernard Schulz Cruz, un gran especialista en la obra de Jorge Edwards, a quien dedicó un libro titulado *Las inquisiciones de Jorge Edwards* publicado en 1994, donde demuestra ser un profundo conocedor de su obra, y a mi izquierda está Mauricio Wacquez, que será el último en intervenir. Debo decir que este encuentro con él es para mí especialmente grato, aunque no ha pasado realmente mucho tiempo desde la última vez que nos vimos. Él es un escritor chileno ligeramente más joven que Edwards, digamos que de la promoción inmediatamente posterior, pero que pertenece a aquel grupo de narradores chilenos que recogieron algunas de las características de aquella Generación del 50, sobre todo las que tenían que ver con el existencialismo, para completarlas con una indagación profunda en los misterios del lenguaje. Es, por tanto, una persona con experiencia directa de lo que Jorge Edwards pudo ser.

Carmen Riera

Muchas gracias. Excelentísimo Señor Embajador, Ilustrísimo Señor Director general, querido Jorge; amigos, amigas... Quiero agradecer al Instituto de Cooperación Ibero-americana, y en especial a Julián Soriano, coordinador de estas Semanas de Autor, su invitación a participar en esta semana dedicada a Jorge Edwards, a quien admiro desde hace tiempo y cuyos libros me han proporcionado horas gratas; horas de diversión en el sentido usual, y también en el etimológico —o étimo, que diría Carlos Barral—, que me han sacado de mí para ir a su encuentro, al encuentro de un mundo personal entretejido en las mallas de la autobiografía, de la memoria a veces, y otras en el de la imaginación de ese conglomerado que convenimos en llamar ficción. Pero he aquí que, pese a mi interés por la obra de Edwards, pese a conocerla —creo— bastante bien, no soy, como los otros miembros de esta mesa, especialista en literatura chilena, y ni siquiera en literatura hispanoamericana, de manera que mi intervención no será erudita, ni tan sólo —me temo— interesante, puesto que del Chile de los años cincuenta y sesenta no tengo más experiencia que la que me han podido otorgar las rápidas consultas bibliográficas que he podido hacer estos días, escasas además en las bibliotecas catalanas. Les prevengo de entrada, para que no se sientan ni engañados ni traicionados.

Quizá la mayoría de ustedes está pensando que, si soy tan inexperta, hubiera sido mejor que renunciara a participar en esta mesa, y no dejan de tener razón. Sin embargo, he querido estar aquí para manifestar públicamente mi admiración por la obra de Edwards, y para intentar romper un maleficio, pues en diversas ocasiones, cuando se me ha invitado a participar en presentaciones de libros, ponencias o cursos dedicados a Jorge, me ha sido imposible asistir. Vaya por delante todo lo que acabo de exponer, no a modo de *captatio benevolentiae*, sino de sincera excusa por no estar a la altura de lo que Edwards se merece y de lo que se merecen ustedes.

Los estudiosos de la literatura chilena parecen estar de acuerdo en incluir a Edwards entre los componentes de lo que se ha dado en llamar Generación de los 50, cuyas características comunes, como en todas las generaciones literarias habidas y por haber, pues la historiografía literaria es poco innovadora y sigue perpetuando los mismos métodos positivistas, son unas fechas de nacimiento que no sobrepasan los quince años —en el caso que nos ocupa van desde 1920 hasta 1934—, y otras, de primeras ediciones, que datan de la década de los cincuenta. A estas primeras contribuciones habrán de seguir otras de mayor calado en la década de los sesenta, que significarán el afianzamiento de sus autores.

La lista de los integrantes de la Generación del 50 es amplia. Donoso es tal vez el escritor de mayor proyección entre nosotros, pues, como Edwards, vivió durante una época en España. Junto a ambos, los historiadores de la literatura chilena mencionan a Alfonso Echevarría, a Enrique Lafourcade —que acaba de quedar casi finalista en el Premio Planeta, si yo no recuerdo mal, y a quien se atribuye, precisamente, el invento de la Generación del 50—, y a Claudio Giaconi, entre otros. Tanto Lafourcade como Giaconi fueron amigos de Edwards, y a ellos se refiere en *Adiós, poeta*, cuando rememora su retorno a Chile desde Princeton en 1959 para tomar distancia respecto a la rebeldía anarquizante exhibida por ambos autores durante esta época. No obstante, en esas mismas páginas Jorge Edwards se considera integrante de la Generación del 50, aunque espectador de la polémica que algunos de sus miembros llevan a cabo para hacerse un sitio en el panorama literario, dominado aún por los viejos; esto es: por los escritores anteriores que todavía parecen pautar los gustos del público y, sobre todo, monopolizar los criterios literarios académicos.

Como miembro de esa generación, Edwards cumple con los requisitos exigidos: nacido en 1931 —aunque nadie lo diría—, publica en 1952 *El patio*, un volumen de cuentos, aunque es en los sesenta cuando, además de tres libros de relatos —*Gente de la ciudad, Las máscaras* y *Temas y variaciones*—, aparece una novela suya, *El peso de la noche*. José Donoso, en *Historia personal del "boom"*, ofrece una serie de reflexiones muy útiles para el tema que hoy nos ocupa, el Chile literario de los años 50 y 60, y los maestros de Edwards. Recuerda Donoso las dificultades con que se encontraron los narradores de su generación a la hora de sacar sus primeros libros: rechazados por las editoriales, no tuvieron más remedio que autopublicarse costeándose los gastos a base de suscripciones. Así sale *El patio* de Edwards. Él mismo, en el segundo capítulo de *Adiós, poeta*, anota que se trató de una edición privada de quinientos ejemplares, hecha en la imprenta casera del hermano de Arturo Soria, Carmelo. Y líneas más abajo nos informa que repartió el libro entre los suscriptores que habían ayudado a financiar la edición. Lo mismo le ocurrió a Donoso con *Veraneo*, su primer volumen de cuentos. Aparecido más tardíamente, en 1955. Donoso apunta que *Veraneo* se vendió en la tienda de Inés Figueroa, junto con loza y otros objetos de artesanía: "En el mismo lugar", indica, "en que se habían despachado ejemplares de *El patio*". En el mismo párrafo, Donoso reflexiona sobre los porqués de tantas dificultades: "Las causas habría que buscarlas en el desinterés de las casas editoriales chilenas —Zigzag, Nacimiento, Pacífico— por los jóvenes narradores, desconocidos —naturalmente—, por los que no se quería apostar ante el temor de que sus libros no se vendieran. Esa falta de interés y de empuje, esa carencia de entusiasmo por los jóvenes narradores, dice bastante, creo, del clima literario que se vivía en Chile por aquella época, en la que prevalecían, me parece, dos tópicos: el primero, que Chile era un país de poetas, no de narradores. Los chilenos universales, los que contaban literariamente dentro y fuera de las fronteras, los que habían sido capaces de traspasar su prestigio hasta Europa, eran poetas: Gabriela Mistral, Vicente Huidobro y Pablo Neruda". Esa peculiar característica de las letras chilenas —válidas para la poesía, pero menos para la prosa (que a mí se me antoja, sinceramente, una estupidez)— curiosamente también ha sido esgrimida con respecto a la literatura catalana. La tradición poética, loada y aceptada, exime a los estudiosos e historiadores de interesarse por cualquier otro género literario, negándole carta de ciudadanía. Debe ser una coincidencia de países periféricos y ribereños, pero no voy a divagar.

El otro tópico era quizá más perjudicial aún, y tenía que ver con la imposición de un determinado canon. Ángel Rama ya observó hasta qué punto el magisterio de las grandes figuras de la literatura hispanoamericana habría de resultar, a la postre, castrador. Ciertas obras maestras, por el hecho de serlo, por haberse convertido en clásicas, proyectaban una sombra esterilizadora: a la sombra de *Doña Bárbara*, a la doble sombra de *Don Segundo Sombra* o *La vorágine*, poco podía crecer que no fuese mimético. El interés por la originalidad quedaba al margen, pero, al margen de la narrativa considerada canónica, era imposible medrar. Los gustos del público, pautados por el canon, le hacían proclive a la costumbre de un tipo de narrativa criollista, e imponer otros criterios resultaba difícil. Los jóvenes que intentaban darse a conocer en ese panorama romo no podían sentirse solidarios de la tradición canónica heredada, que les quedaba, además, muy lejos. Por eso —y lo explicitan muy claramente desde Donoso a Edwards— no les quedó otro remedio que beber en otros cauces. "No creo andar desacertado", escribe Donoso, "al opinar que mi generación de novelistas miró casi exclusivamente no sólo fuera de la América hispana, sino también más allá del idioma mismo, hacia los Estados Unidos, hacia los países sajones, hacia Francia e Italia, en busca de alimento, abriéndonos, dejándonos contaminar por todas las impurezas que venían de fuera. Cosmopolitas, esnobs, extranjerizantes, estetizantes, los nuevos novelistas tomaron el aspecto de traidores ante los ingenuos ojos de entonces. Recuerdo el escándalo y el pasmo que produjeron en el ambiente chileno las declaraciones de Jorge Edwards al publicar su primer libro de relatos, *El patio*, diciendo que le interesaba mucho más y conocía mejor la literatura extranjera que la nuestra. Fue el único de mi generación, que yo sepa, que se atrevió a decir la verdad y a señalar una situación real: en nuestro país, y supongo que en todos los países de Hispanoamérica, nos encontramos que en la generación inmediata precedente a la nuestra no sólo no teníamos a nadie que nos produjera estímulo literario, sino que incluso nos encontramos con una actitud hostil y suspicaz al ver que los nuevos novelistas se desviaban del consensual camino de la realidad comprobable, utilitaria y nacional".

No he podido documentar el lugar donde Edwards declara, en 1952, su desvío de la literatura chilena y su interés por la foránea, pero sí he tenido acceso a una entrevista aparecida en 1973 en la que insiste en que, en la época en la que apareció *El patio*, el desinterés por lo autóctono era generacional, y en cambio se leía con avidez a los extranjeros. "De pronto, alguno de nosotros descubría un autor francés o a un escritor polaco, por ejemplo, y todos lo leíamos". Algo parecido ocurría en España por la misma época entre los miembros de la que luego también se llamaría Generación del 50, y por motivos parecidos. Años más tarde, Edwards, en *Adiós, poeta*, ha recordado la afición juvenil por la literatura foránea: las horas de conversación por los cafés santiaguinos con otros jóvenes escritores —o no tan jóvenes—, como Teófilo Cid, o Helio Rodríguez, o Luis Oyarzun Peña, conversaciones hasta la mala hora, bien regadas, imagino, por alcoholes diversos, para hablar de lo divino y de lo humano, de Kafka y de Jorge Luis Borges, y de llevar a menudo hacia la anécdota jocosa protagonizada por gentes ligadas al mundo literario. Es en las páginas a las que aludo en este libro de memorias en donde Edwards deja caer al desgaire las referencias que ahora me son tan útiles para reconstruir, en la medida de lo posible, sus gustos literarios. Al interés por Kafka o Borges —un Borges absolutamente minoritario en aquel momento— hay que añadir, creo, el descubrimiento de Faulkner; quizá el novelista —al menos en aquel momento— más apreciado por Edwards; un clásico vivo del que se podía aprender y a cuya sombra se podía crecer —y si no, que se lo pregunten a García Márquez o a Antonio Muñoz Molina, por poner sólo los ejemplos de un premio Nobel y de un académico—. Faulkner, con quien Edwards se cruza un día de nieve en Princeton, y consigna la anécdota con lujo de detalles, y la escoge para contársela a Neruda delante de otros amigos, es, a mi entender, el novelista predilecto del joven Edwards, que confiesa también, al principio del capítulo cuarto de *Adiós, poeta*, que después de publicar *El patio* escribió también unos cuentos que desaparecieron, una novela breve "que estropeé de tanto corregirla y reescribirla", y otra novela, más larga, producto del contagio del estilo faulkneriano de *Mientras agonizo*, que fue tirada en un arrebato a la chimenea después de haber leído, ante un elegante auditorio femenino, una escena alusiva a la masturbación. Jorge Edwards se autocensura de un modo radical, destruyendo el objeto del presunto escándalo, tal y como exige el mensaje evangélico —si tu mano escandaliza, córtatela, creo que dice— que, a buen seguro, le fue inculcado en sus años de educación jesuítica. Los jesuitas no forman parte del Chile literario de los años 50 y 60, pero, a mi modo de ver, no dejan de tener importancia en la etapa de formación de Edwards. Como la tuvieron, de una manera fundamental, en la de Carlos Barral, que andando el tiempo habría de convertirse en amigo y en editor de Jorge Edwards. Y tanto el uno como el otro nos cuentan en sus memorias el rechazo que sienten por los jesuitas: Edwards, en la primera página de *Adiós, poeta*, explica que le debe "a las declamaciones con voces trémulas que los jesuitas hacían de textos de Gabriel y Galán y Núñez de Arce una especie de saludable prejuicio en contra de toda delicuescencia poética que después, no obstante, se veía truncada por la frecuentación de otros poetas —Quevedo, San Juan de la Cruz, Villamediana, Darío—, ya que sus textos figuraban como ejemplo en las explicaciones de métrica en el manual técnico literario utilizado en el Colegio de los Padres de Santiago". Curiosamente, algo parecido le ocurre a Barral, que comienza a imitar a los poetas seleccionados en los textos escolares, y lo hace señalando que algún día su nombre aparecerá en letras de molde en idénticos lugares. Barral es explícito acerca de sus pretensiones cuando anota en *Años de penitencia*: "Hacer versos, escribir muchos versos, era una posibilidad de figurar en los textos escolares con el mismo tipo de letra que los reyes; y uno no había nacido rey". Pero esa coincidencia, fruto de un método pedagógico semejante, que los jesuitas ponían en práctica en todos los colegios de uno y otro lado del Atlántico y que explican aspectos casi incomprensibles de otro modo, como por ejemplo la influencia de Baltasar de Alcázar en Miguel Hernández —puesto que Alcázar era poeta del gusto jesuítico, y aparecía antologado en los manuales de retórica y poética que éstos usaban y que utilizó Hernández en su colegio de Orihuela—, es a mi entender menos importante que otras dos coincidencias, quizá también directamente relacionadas con los métodos ignacianos de los ejercicios espirituales que impregnan las maneras jesuíticas. Me refiero, claro está, a la famosa composición de lugar que implica el examen de conciencia. Ambos aspectos, que los padres tratan de inculcar a sus alumnos, revierten, creo, en el interés por la elaboración memorialística. ¿Qué son, si no, las memorias, sino composiciones de lugar, representaciones del pasado, exámenes de conciencia a los que a veces se une el dolor de contrición e incluso el propósito de enmienda?

No voy a ser tan estúpida, ni tan inocente, como para afirmar que Edwards o Barral deben a los jesuitas su producción memorialística —los jesuitas, por otra parte, ya se sabe, hubieron de influir muchísimo en otros escritores finiseculares, desde Pérez de Ayala a Gabriel Miró, pasando por Ortega, por supuesto, y hasta en Alberti—, pero sí quiero destacar al menos este punto: el primer volumen de memorias de Jorge Edwards, *Persona non grata*, tiene que ver, sobre todo, con su estancia en Cuba como embajador del gobierno que presidiera Salvador Allende, estancia que desemboca en un conflicto dramático —empleo las palabras de Edwards— entre la razón de Estado y las razones o sinrazones del pensamiento independiente y de la creación artística, que pronto le llevan a la necesidad de explicarlo por escrito, o, lo que es lo mismo, a volver sobre lo vivido, a recordarlo mediante una extensa composición de lugar necesaria para su recreación. Al avanzar en el libro, asegura el propio Edwards, en un prólogo de noviembre de 1973: "Advertí que había redescubierto un género que florecía en Chile en épocas pasadas, el de unas memoria heterogéneas, a la vez políticas, literarias y personales, productos naturales de una cultura que se había desarrollado como injerto de muchas ramas y orígenes". Naturalmente, Edwards no menciona para nada la influencia de su educación jesuítica, y también es posible que ahora desmienta esa influencia; sin embargo, a mí, como lectora de Edwards, me parece ver la huella de su paso por el colegio de San Ignacio en Santiago en ese interés memorialístico, un filón importantísimo en el conjunto de su producción que se cierra, de momento, con *Adiós, poeta*, otra evocación con personaje al fondo, con santón de cuerpo presente que sirve de excusa para urdir una meditación sobre la propia existencia. La hagiografía, género religioso, como sabemos, queda velada por la capacidad de distancia que implica siempre el manejo de la ironía y por la espléndida lucidez del narrador, capaz de transmitir luces y sombras con maestría idéntica. Las vidas de santos eran, en los colegios jesuíticos españoles —no sé si en los de Chile—, materia de lectura muy recomendable. No atribuiré a ese hecho el interés por la vida de Neruda, una de las mayores figuras del santoral comunista, cuya repercusión todavía dura y se expande, contaminando de éxito a sus difusores —pienso ahora en la muy reciente película *El cartero y Pablo Neruda*—, pero no parece del todo descabellado señalar también la coincidencia con las lecturas juveniles obligadas, que no dejaron aparentemente ninguna marca, pero que al cabo del tiempo persisten todavía como una mota de polvo en la solapa de la memoria. Sin duda es insignificante, pero esa mota, examinada con lente microscópica, puede servir de hilo conductor que nos haga desandar el camino para volver a los orígenes prehistóricos de Edwards, que es de lo que se trata.

Muchas gracias.

Teodosio Fernández

Tiene la palabra Bernard Schulz.

Bernard Schulz

Muchas gracias. Edwards y la literatura chilena en las décadas de los 50 y 60 no están aislados del imaginario social y cultural, así que voy a hablar un poquito de todo, y comenzaré diciendo que el estudio de la literatura tiende a la exploración diacrónica. Es decir, se reconoce que un texto conversa con otros textos del mismo autor y de otros autores, y al mismo tiempo pertenece a un mismo contexto cultural, social y político, en el que se mira y con el que mantiene un diálogo permanente. En este sentido, hablar de Edwards es destacar no sólo su trayectoria individual, sino parte de una historia, tan suya como nuestra, que nos ha marcado con guerras civiles, garras mundiales y gorras militares, dejándonos, en este fin de siglo y de milenio, con una sensación de pérdida irremediable.

Por eso, reconstruir en este merecido homenaje el Chile literario de los años 50 y 60 podría ser hasta una herejía, porque desde ya lo estamos traicionando al observarlo con los ojos del futuro. Mas el intentarlo no deja de ser una aventura excitante que recrea los discursos de ese tiempo y permite disfrutar del que vino y sobrevivió.

Hablar de los maestros de Edwards también podría ser una trampa, porque si en literatura éstos existen, son, como es sabido, para ponerlos de cabeza: para que los discípulos se conviertan en parricidas, para saltarles a los ojos. Entonces sería más apropiado hablar de las lecturas, de la formación y de las relaciones sociales que la propia vida le ha traído a Edwards y del modo en que él ha reaccionado ante cada una de estas experiencias *Desde la cola del dragón*.

Ubiquémonos en el medio del florecer literario de los años 50 y 60: si comparamos la producción de cuentos y novelas de ese período con la literatura producida simultáneamente, o incluso años antes, en otros países latinoamericanos, hay que confesar que existe un abismo entre ellas. Porque, como dice el propio Edwards, parafraseando a Alfonso Calderón, "el escritor de la época anterior al año setenta era una especie de invitado a la mesa del pellejo de la literatura y del mundo oficial". En los años 50, los escritores jóvenes no leen mucho de los escritores latinoamericanos, a pesar de que ya rondan un Carpentier, un Jorge Amado, un Rulfo y un Borges que tal vez sí leen algunos. Sin embargo, las lecturas compartidas y desordenadas son Faulkner, Proust, Henry James, Joyce, Kafka. Desde esta orilla vemos el período como *El museo de cera* que retoma vida. Vemos a los escritores que comenzaron en los años 50 imbuidos en su propio fervor rupturista.

Al investigar sobre la literatura chilena de la época, uno se encuentra con una cantidad de artículos que se abocan a ella. Se dan grandes polémicas no sólo en los encuentros de escritores y en los foros universitarios, sino que éstas llegan a los lectores a través de periódicos y revistas. El reducido mundo intelectual de esos años se ve obligado a tomar bandos: la Elba, un personaje de *El mocho*, novela póstuma de Donoso, diría: "Ah, pero entonces éramos jóvenes y teníamos el ánimo exaltado". De crisis en crisis, los escritores viajan, siguen escribiendo, se siguen viendo entre ellos, se distancian, se desvanecen. Y el grupo de los años 50, que en un momento pareció feroz e intransigente, ya no lo es más. La vida y las lecturas los llevan por rumbos distintos, pero esa es la suerte de toda constelación: encontrarse en un momento, formar una figura —un mandala, como diría Cortázar— que se desarticula para formar parte de otros rombos y triángulos. Es el propio Donoso quien, en 1970, con *El obsceno pájaro de la noche*, marca la línea divisoria del antes y el después.

La literatura participa de otros mundos también. En Chile hay un Neruda que en cada década enriquece el ambiente con sus *Odas* o con su traducción de *Romeo y Julieta*, ensombreciendo y polarizando a jóvenes y viejos poetas. Hay un crítico como Alone, señor y dueño de la crítica santiaguina y de todo Chile; hay un novelista como Manuel Rojas y su *Hijo de ladrón*; hay un Jorodowsky, que hace de todo. El teatro se ve fortalecido por Wolf, por Sergio Vodanovic, por Alejandro Sieveking. El cine lucha también por desarrollarse: Aldo Francia, Miguel Littín, Raúl Ruiz —*Valparaíso, mi amor; El chacal de Nahueltoro; Tres tristes tigres*—. Y en el medio de tanta intelectualidad, en 1960, una comedia musical popularísima: *La pérgola de las flores*, de Isidora Aguirre y Francisco Flores del Campo. Antonio Prieto, Sonia y Míriam y Lucho Gatica compiten con Peter Rock y Fresia Soto. Hay también un Hinostrosa entusiasmado en mitológicas glorias patrias que escribe *Adiós al séptimo de línea*, mientras que los niños chilenos se encantan con una serie de noveletas infantiles protagonizadas por un personaje llamado Papelucho. ¿Y cómo ignorar, en este cortejo, a Condorito, una caricatura leída en todo el país que representa un pájaro humanizado feliz en su pobreza, al igual que Verdejo, otra caricatura política? Las clases sociales se desbordan por todos lados, y las tensiones abundan.

Opuesta a esta cultura popular resaltan dos nombres en la pintura, Roberto Matta y Nemesio Antúnez, y en música, Claudio Arrau, ya mítico en 1960. Y Radio Minería, con *Discomanía* y Raúl Matas. Entre medias, temblores y terremotos. Dos años más tarde, la televisión irrumpe y la literatura pasa a ser sinónimo de *best-seller*, mientras los comentaristas cantan "Gol, gol de Chile" en un mundial que hace sentirse orgullosos a los chilenos. Por otro lado, don Francisco, el anfitrión perenne de la televisión, corona reinas de belleza y entretiene. Además, y como siempre, el Chile de esa época es de una bullanguera actividad política que cree vislumbrar una salida a los eternos problemas del país. Los gobiernos se suceden progresivamente, como preparando la encontrona final: en el 52, Ibáñez; en el 58, Alessandri; en el 64, Frei —padre del actual—; en el 70, Allende. El resto ya se conoce.

Maestro de Edwards fue, junto a sus lecturas, una acendrada capacidad de observación. Edwards es un ojo al que no se escapan las laberínticas situaciones de los personajes y su medio ambiente. "Es el absurdo de Kafka", dijo el vilipendiado y endiosado crítico chileno Alone, o "el sentimiento existencialista de Camus y de Sartre", según otro decano de las letras chilenas no menos controvertido, Fernando Alegría. Y en la trastienda, Unamuno, en quien Edwards encuentra, en algún momento de su juventud, a un aliado contra el dogmatismo católico y, aparentemente, un motivador para estudiar filosofía. También hay que señalar a toda la literatura chilena, y a escritores de distinta formación, pero sólidos en su influencia en el mundo literario. Para los jóvenes de los años 50 y 60 hay escritores de valía, tales como Carlos Droguett y Francisco Coloane. Hay resabios del acercamiento psicológico de Eduardo Barrios, y de la extrañeza de María Luisa Bombal, y penan los raros, como Juan Emar, escritor excepcional que en los años treinta, ignorado por la prensa, la crítica y el público, logra transgredir las convenciones literarias de su época.

Edwards, a lo largo de su vida, ha ido reconociendo maestros. Al comienzo de las maravillosas memorias *Adiós, poeta*, se nos ahorra investigar las famosas fuentes literarias y se nos muestra su pasar de la poesía al cuento y la novela, los libros, la historia y el mundo de un Edwards adolescente y joven entre jesuitas y el balneario de Zapallar. Es en esa época cuando Jorge conoce la poesía de Neruda, y se adentra en ella. Conoce personalmente al poeta en una fiesta para adultos, pero este encuentro no deja de ser un primer acercamiento circunstancial de lo que será amistad y que desembocará en una relación apasionante que tiene tanto de literario como de psicoanalítico. Es obvio que *Adiós, poeta* es la ruptura de Edwards —y de algún modo, un exorcismo— con sus propios demonios literarios. ¿Es que se puede tener un maestro poeta para escribir cuentos y novelas? Edwards lee y escribe poesía, pero se pasa al cuento y a la novela. ¿Escapando de Neruda? Edwards, al recordar su entrada en el campo literario, dice: "Me sentía ajeno a creacionistas y vanguardistas de toda clase, y era incapaz de seguirlos en sus malabarismos imaginativos y verbales. Por exclusión, quedaba obligado a escribir vagos poemas nerudianos que me dejaban un sentimiento de frustración y de incapacidad". *El whisky de los poetas* es amargo.

Tal vez perdimos a un poeta. Nunca lo sabremos. Pero a cambio ganamos a un escritor. Las limitaciones de un creador, si se puede usar aún esta palabra, son su mayor fuerza. Edwards, siendo adolescente todavía, mete libros entre sus cuadernos de escuela, y en la universidad, entre clase y clase de derecho, escribe los cuentos de su primer libro. Y el mito sigue para llegar a ser *Mito, historia y novela*. Estoy seguro de que Edwards se debe haber cabeceado su buen tanto más allá de las horas de derecho procesal dedicadas a escribir cuentos... O tal vez no. Un primer libro a veces sale de una sentada. El reto está en los que lo siguen.

En verdad, la formación de Edwards se debe a sus lecturas. Él mismo cuenta que a los siete años lee un diccionario enciclopédico. ¿La base de su enciclopedismo actual? ¿Recuerdo ingenuo? No lo creo así, aunque esto indica un medio ambiente de libros, requisito indispensable, si se quiere, para ser escritor. Claro. Y si se tiene un pariente como Joaquín Edwards Bello, y una madre creativa y silenciada como *La mujer imaginaria*, también ayuda.

Desde 1952, año de la aparición de *El patio*, hasta 1961 no hay nada de Edwards en las librerías, pero *Gente de la ciudad* aparece y reaparece Edwards. Entre los vericuetos de la política y de la diplomacia, Edwards se gradúa de escritor. Lo digo en el sentido profesional, porque el segundo libro hace girar la rueda. Edwards ahora camina del brazo de Enrique Lihn, y ambos pasean por las calles grises de un Santiago un poco chato y provincial, pero con muchas ganas de ciudad. Sí, porque formadores también son los espacios de encuentro físico y simbólico: un parque forestal bello en su fealdad, la Escuela de Derecho al lado de un río desteñido, el Instituto Pedagógico de la Universidad de Chile, en medio de un antiguo barrio residencial de clase media y, por supuesto, los cafés animados y sin apuros como *El Bosco* y el *Sao Paulo*. Allí la gente se reúne y se comparte, se pelea y se grita. En estos centros de reunión se juntan grupos de artistas buenos y malos, y una intelectualidad que hoy ya no existe, tragada por la vorágine de un postmodernismo *sui generis*. Maestra de Edwards es también la Escuela de Derecho, con todo su aparato coactivo. Como sus propios personajes, Edwards se ve metido en el discurso oficial que ordena todo, incluso *El peso de la noche*. Curiosa tensión en la que vive este escritor. Sin embargo, la abogacía lo lleva al Ministerio de Relaciones Exteriores; allí, los pasillos albergan a los burócratas internacionales que, tras *Las máscaras*, esperan la promoción o el traslado a un país más acogedor. Por la vía de la diplomacia, Edwards sale al mundo. Es decir, a París, al París de los sesenta, al encuentro de Vargas Llosa, Barral, Fuentes, Cortázar... Pero siempre en el trabajo diplomático. Y hay que reconocer que sorprende que nuestro escritor, que durante mucho tiempo se desenvolvió en el servicio extranjero, nunca nos haya dado una novela sobre el mundo diplomático, al estilo de Graham Greene. Tal vez sea demasiado caballeroso este Edwards, y celoso guardador de secretos.

Mujeres escritoras hay muchas en las páginas de los años 50 y 60, pero, como siempre, algo pasa y quedan fuera para ser en el futuro temas y variaciones de una novela inconclusa. Edwards se hermana con José Donoso y se ubica bajo las estrellas del contado firmamento literario chileno, en el cual hay poetas, muchos poetas —Huidobro, Neruda, Parra, Mistral—, pero pocos narradores. Edwards narra sus memorias, y habla de ellas en artículos y entrevistas. Memoria obstinada la suya.

Se dice que Edwards pertenece a lo que se ha dado en llamar en Chile la "Generación del 50". El concepto de generación literaria es majadero desde la partida, y hoy por hoy las definiciones generacionales quedan fuera de los estudios literarios. Lo que no pueden quedar fuera son las coincidencias de espacio y tiempo que se dan dentro de los ámbitos culturales: la literatura será siempre importante cuando se vuelve en el tiempo para consuelo o para encontrar respuestas. La literatura es uno de los discursos a través de los cuales habla una sociedad y donde podemos encontrar sus sentimientos perdidos. En la década de los cincuenta, los escritores, Edwards entre ellos, no querían saber nada de sus antecesores ni de ningún tipo de literatura como vehículo de misión social. Pero esa *Persona non grata*, ese inconsciente político del que habla Frederic James, rebasa por todos los lados y se vuelve cuento, novela y ensayo. Es, si se quiere, *El origen del mundo* literario de Edwards. Muchas gracias.

Teodosio Fernández

Mauricio, tienes la palabra.

Mauricio Wacquez

Yo seré breve. No es una crítica, pero me gusta más estar aquí que allá. E improvisaré. Aquí se ha aludido a una generación posterior a la de Edwards, la generación del sesenta, que no era otra cosa que un invento como cualquier otro en la vida social y cultural chilena, por la razón de que habían aparecido poco antes unos criminales, entre los que se encontraba Jorge Edwards, que se tomaban la literatura como una revancha. Hubo, antes de la generación de Edwards y de Donoso, otra generación que se llamaba criollista, realista, incluso naturalista en algunos casos. Pero esta generación, que tiene grandes nombres, como Manuel Rojas, o como el aquí reivindicado Coloane, que nunca se quejó de su condición de desconocido y al que ahora los franceses se lo pelean, no tuvo la suerte de encontrar entre ellos a uno que prendiera la mecha de la bomba, por lo que pasaron apenas advertidos.

Sin embargo, al llegar a los años 50, pseudoescritores y, sobre todo, pseudoestudiantes, dijeron que no tenían más remedio que escribir, pero que no iban a hacer lo que los de la generación anterior, que era o pasar desapercibidos, o seguir siendo señoritos que escribían en los ratos perdidos. No; los de la Generación del 50 decidieron ser famosos. Apareció el agente cultural, Enrique Lafourcade, y este agente cultural inventó lo de la Generación del 50, inventó a los escritores y se movió por todos los círculos culturales de la época, como el café *El Bosco*. Para entonces, el oficio de escribir ya no era del señorito que creaba en sus ratos de ocio, ni tampoco del perdedor que le explicaba a los que vinieran detrás lo que es la vida en general. ¿Por qué nosotros no vamos a ser famosos y no vamos a salir en los periódicos?, se dijo Lafourcade, y quisieron llevar la literatura a la vida rosa. Él mismo organizó dos jornadas literarias para la celebración del nacimiento de la Generación del 50, jornadas que consistían en lecturas de textos, peleas, declaraciones controvertidas... Es decir, que había que darle carne al cotarro para aparecer en las revistas.

También hubo disidencias entre ellos. Dijeron que querían trastocar el sentido de la escritura para no dar ese espectáculo bochornoso que era el realismo, y sobre todo el ruralismo. Ellos querían ser universales. Habían leído a Sartre, a Camus... no muchos más, no se crean. Camus se empezó a leer en Chile a raíz de su premio Nobel, que fue a finales de los cincuenta. En fin, que este agente cultural que era Lafourcade promovió grescas entre ellos, algunas de ellas francamente bochornosas. Nosotros siempre habíamos creído que el oficio de escribir era algo parecido a un oficio secreto, entre otras cosas porque la propia familia de uno evitaba y criticaba al que decía ser o querer ser escritor. Lafourcade hizo todo esto, y escribió varias antologías en las que daba cuenta de la maravillosa prosa de los componentes de la generación de los 50. A estas jornadas asistió gente como Donoso, que nació en el año 24, y gente como Edwards, que era jovencísimo, o como Enrique Lihn, que era poeta. Por aquella época era un descrédito leer a autores que escribían en español —no me refiero a los españoles, sino a los hispanoamericanos—, y aquello no cambió hasta que Carlos Fuentes publicó *La región más transparente*. Para mí, por ejemplo, leer a un escritor chileno era una aberración muy seria. Por eso la Generación del 50 quería romper la tradición: no queremos escribir para que no nos lean; queremos escribir para ser leídos. Esto es lo único que los unía, porque los otros lazos de unión yo no los entendí nunca. Dijeron que Donoso era un escritor que rompía con el realismo, y yo no sé por qué dijeron eso, porque, al margen de todas las locuras que pueda hacer doña Luisa Grey de Ávalos en *Coronación*, ésta es una novela absolutamente realista, un paso adelante dentro del realismo que encontrará su cima en *El obsceno pájaro de la noche*.

Había, sin embargo, un escritor que no necesitaba de los escándalos para vivir, porque estaba en el cuerpo diplomático. Ni siquiera decía que era escritor. Aquel mundillo era un mundillo de chismorreo, de cotillas, en el que había mucha excelencia de lo homosexual, por ejemplo, y todo el tiempo había críticas y comentarios de lo que hacía uno o de lo que hacía el otro. Por ejemplo, cada vez que Jorge discutía con su novia, Pilar, que más tarde se convirtió en su mujer, aquello se conmovía de comadreos, de susurros. Jorge Edwards, claro, no hablaba casi nunca, porque él ya estaba colocado.

Pero, como les decía, aquel era un grupo que se distinguía por discutir mucho. Cerca de la universidad había bares en los que, si no corría la sangre, era de milagro. Había gente que incluso se asustaba y llamaba a la Cruz Roja, en previsión de lo que luego no pasaba. Y ahora les contaré una anécdota que nunca le he contado a Jorge, porque es una anécdota privada y nunca he tenido valor para contársela. Ahora la publico. Se trata de una anécdota que muestra la flema británica de Jorge, pero también de su mujer y de sus hijos. Estaba Jorge en alguno de sus viajes por Europa, y se rumoreaba que a una de nuestras tertulias allá en Chile iba a venir un día Pilar de Castro, la mujer de Jorge. Y me dijo Pepe Donoso: "Dicen que es posible que hoy venga Pilar. Pues, si viene, nos vamos a resfriar todos". Lo que quería decir Pepe es que eran tan fríos, tan helados los Edwards, que bajaba la temperatura de la habitación en la que ellos entraban. Y no lo digo yo: el *copyright* es de José Donoso. Debo decir que a mí eso nunca me importó, y que, quizá por aquello de que los extremos se atraen, yo siempre me entendí perfectamente con Jorge. Recuerdo cuando él era cuarto secretario en la Embajada de París —pero yo lo admiraba igualmente, no se crean— y yo estaba haciendo el doctorado en París, precisamente. El caso es que yo quería ir a la embajada de mi país —tenía derecho, ¿no?—, pero no me atrevía. Entonces mi hermana me mandó desde Chile un ejemplar de *El peso de la noche* acompañado de un gran comentario sobre el libro. Aquí tengo ya la excusa para ir a la Embajada, me dije, y allá que fui. Edwards me atendió con toda cortesía, y se quedó con el comentario de su novela, del que hizo una fotocopia. A raíz de ese momento empezamos a vernos con frecuencia, y descubrí que era una persona totalmente accesible y, lo que me sorprendió mucho, nada engreída con su oficio de escritor, al contrario que todos los que yo conocía. Jorge Edwards, al contrario que Pepe Donoso, nunca hizo nada para ser famoso. Ayer mismo me decía Jorge que hasta ahora estaba muy tranquilo, porque nunca le habían hecho un homenaje, pero que a partir de esta semana no sabía qué iba a hacer. Se refería, claro está, a si iba a poder seguir trabajando en silencio, como hasta ahora.

Yo creo que una de las personas que más han beneficiado a Edwards fue Pinochet: Pinochet fue el que hizo pensar a Edwards que eso de la diplomacia no era un asunto ni serio, ni seguro. Por un decreto personal de Pinochet lo echaron fuera. Como decía Santiago Carrillo, los militares es que leen muy poco. No, perdón, no fue Carrillo, fue Antonio de Senillosa. Bueno, el caso es que, de buenas a primeras, Jorge se vio en el paro. Hace poco se nos pidió a algunos escritores que contestáramos a una pregunta: "¿Dónde estaba usted el día 11 de septiembre de 1973?" Yo estaba en Barcelona, en Calafell, en compañía de Jorge Edwards, Gil de Biedma, Carlos Barral, los Donoso y algunos chilenos más. Todos estábamos muy preocupados por los hechos, empezando por ese discurso de Allende que, a pesar de que estoy seguro de que fue un discurso improvisado, es un ejemplo de literatura trágica. Me refiero a el discurso que dio cuando estaban bombardeando la Casa de la Moneda. Allí, con nosotros, había muchos niños: los hijos de Donoso, el hijo de Edwards, Yvonette Barral, y Jaime Gil de Biedma escribió, allí mismo, un poema a la juventud, un poema que decía... No lo recuerdo. Es igual. Es que yo no traigo la intervención escrita, como estos caballeros. Pero ese momento del golpe de Estado llevó a Jorge a escribir uno de sus mejores textos, *Los convidados de piedra*. De ese momento salieron cosas maravillosas: la oda de Jaime Gil de Biedma, *Los convidados de piedra*, de Edwards, y la *Casa de campo*, de Donoso. ¿Lo dejamos aquí? ¿O no? Pues ya está. Muchas gracias.

Teodosio Fernández

Muchas gracias. Yo creo que es el momento de que Jorge Edwards diga algo, y después daremos paso a las preguntas de los presentes.

Jorge Edwards

Bueno, para empezar quiero agradecerles a todos ustedes esta Semana de Autor: agradecer su presencia, y, sobre todo, agradecer la perseverancia y la paciencia de Julián Soriano, porque ha trabajado mucho en este asunto y lo ha hecho con una eficiencia sorprendente.

Quiero referirme a algunas de las cosas que se han dicho aquí, y hacer algunas rectificaciones, si es el caso, y, si es el caso, confirmarlas. Por ejemplo, sobre eso que ha dicho Carmen sobre la influencia jesuítica: yo estoy de acuerdo. En mis comienzos literarios hay una clara influencia jesuítica. Primero, los jesuitas me obligaron a aprenderme de memoria poemas bastante detestables para después recitarlos en la sala de conferencias del Colegio de San Ignacio. Esto me hizo aborrecer la poesía y me hizo creer que yo era futbolista y hasta boxeador. En realidad no tenía condiciones para estos deportes, de modo que volví a la literatura. Pero de alguna manera ellos vieron que yo tenía alguna condición literaria, y comenzaron a pedirme colaboraciones para la revista del colegio cuando yo contaba tan sólo con diez años. Parece que me gustaba el mar, porque yo escribí un primer artículo que se titulaba "Las ventajas de la navegación", y un segundo que era una especie de biografía de Cristóbal Colón, y, ya en mi adolescencia, una especie de parodia azoriniana —yo tenía ya trece o catorce años, y era lector de Azorín, de Unamuno, de la Generación del 98—. Más tarde, por influencia jesuítica sin duda, escribí un ensayo sobre un escritor católico francés, León Bloy, al que leí con pasión durante un tiempo y que era una especie de disidente dentro del catolicismo francés. De manera que influencia de los jesuitas en todo esto sí que hubo, y en muchas cosas más, porque luego fui alumno del padre Alberto Hurtado, que hoy creo que está canonizado o beatificado, y él, alarmado porque yo leía a Unamuno, del que decía que era un enemigo de la Iglesia, me pasaba literatura católica francesa. Literatura de calidad, como Paul Claudel, con la que no contrarrestó la influencia de Unamuno pero, al menos, me dio otras visiones de la literatura.

Este mismo padre Hurtado nos obligaba a fijarnos insistentemente en el problema social de Chile, en el tema de la pobreza chilena, en el tema de los niños marginados o abandonados en Chile. Nos llevaba a *poblaciones** para que viéramos todo aquello con nuestros propios ojos, y yo creo que eso me marcó bastante. La sensibilidad política y social que yo pudiera poseer tiene que ver con esta hornada de jesuitas chilenos, encabezada por el padre Hurtado.

Quisiera decir también algo al respecto de un tema que se ha mencionado aquí: no es que yo despreciara la literatura chilena. Me preguntaron qué autores chilenos me gustaban, y yo contesté que Neruda, Huidobro y María Luisa Bombal. Entonces me insistieron para que hablara de los escritores criollistas, y yo dije que no me interesaban nada, que me había aburrido mucho leyéndolos en el colegio. ¿Y quién le interesa?, me preguntaron, y dije que Joyce. Posiblemente fue una pedantería extraordinaria, pero en fin. Yo había leído el *Retrato del artista adolescente* con gran pasión, porque me había sentido muy identificado con ese personaje que estudiaba en un colegio de jesuitas, y luego, con gran paciencia, había leído el *Ulises*, una obra a mi juicio fascinante, aunque implica un gran esfuerzo por parte del lector. A raíz de todo esto salió un señor que me trató muy mal, porque dijo que yo era una *rara avis* que quería insertarse en la literatura nacional chilena despreciando la literatura chilena. Yo no quería insertarme en nada. Yo creo que la atmósfera literaria en el Chile de la Generación del 50 era una atmósfera poderosa y fascinante. Era limitada, provinciana, alejada de todo, pero una conversación con Teófilo Cid, o con Oyarzun, era siempre interesante. Era gente que no había salido nunca de Chile, pero tenían intensas correspondencias con Breton, por ejemplo, y había contactos con el mundo surrealista francés por parte de ese grupo surrealista chileno que se llamaba La Mandrágora. Teófilo Cid era un tipo muy difícil. Era un alcohólico, hay que decirlo, y era un tipo muy sucio, desaseado, pestilente, pero a pesar de eso era fascinante. Y cuando Arturo Soria, emigrado español a Chile, hizo un programa de radio que se llamaba "Cruz del Sur, revista hablada", el editorialista del programa no era otro que Teófilo Cid, y el que leía algunos cuentos en el programa era yo. Llegábamos a las dos de la tarde al edificio de la emisora, y siempre nos encontrábamos a la puerta una masa de chicas que gritaban y que siempre nos preguntaban lo mismo: "¿Han visto a Lucho?" Y nosotros siempre contestábamos lo mismo: "¿Quién es Lucho?" Y ellas nos insultaban, porque ese Lucho al que se referían no era otro que Lucho Gatica, que ya por aquel entonces era un ídolo juvenil.

Había por aquellos tiempos otros muchos personajes fascinantes, como Claudio Giaconi, que abandonó la literatura durante mucho tiempo, o como Mario Espinosa. Son muchos los náufragos de esa generación. Hubo un náufrago de la pintura, Carlos Faix, un gran pintor con una obra de juventud extraordinaria: todo lo que pintó hasta los 22 años era de gran calidad. Murió en accidente a los 22 años. Y después había el mundo de los viejos maestros, fascinante y lleno de cuentos y de historias: el mundo de Neruda, que estaba fuera, o de Gabriela Mistral, que estaba fuera, de Huidobro, que había muerto hacía poco pero que, de alguna manera, era el maestro de los surrealistas. Y había personajes extravagantes y fantásticos que ya no existen. Neruda siempre dijo que había que conservar, aunque fuera en formol, a estos grandes extravagantes de la

---

* *Poblaciones* = chabolas, villas miseria.

vida chilena que se terminaron, quizá porque las circunstancias de la vida chilena actual no permiten la extravagancia. Permiten grandes exportaciones de conservas, de pescado, pero la producción de extravagantes es escasa. Recuerdo a Álvaro Yáñez, que era conocido como "Pilo" Yáñez, o como Juan Emar. Juan Emar era un personaje absolutamente extraño, fascinante por su conexión con la vanguardia francesa y con la vanguardia internacional que había conocido en el París de los veinte. Él había sido amigo de Picasso, de Juan Gris, de Breton, de toda esa gente, y firmaba Juan Emar por una expresión francesa que se pronuncia y se escribe casi igual* y que significa "estoy fastidiado" o "tengo fastidio". Y debo decir que yo tenía uno de estos personajes, un extravagante, en la familia, y fue un maestro secreto en cierto modo: Joaquín Edwards Bello, un clásico de la literatura chilena, que obtuvo el Premio Nacional, que se estudia en las escuelas pero que, cuando yo era niño y él tenía alrededor de cincuenta años, era una especie de maldito. Cuando se hablaba en la casa de mi abuelo de él —mi abuelo era tío suyo—, nunca se decía Joaquín; siempre se decía "el inútil de Joaquín". Él escribió después una novela en la que dejaba muy mal a la familia, una novela que se titulaba *El inútil*; la familia compraba todas las ediciones, pero para quemarlas. Al final, por distintos motivos, tuvo que esconderse en Río de Janeiro, escribió una novela que se llamaba *Tres meses en Río de Janeiro* y que era muy divertida, porque le tocó vivir una revolución. El pobre Joaquín tuvo una vida muy dura, en cierto modo trágica, y se suicidó siendo ya viejo, cosa extraña: se suicidó a los ochenta y dos años. Era un ser amargo, pero al mismo tiempo tenía un enorme sentido del humor. Tenía una gran soltura en su prosa, pero era una prosa desmadejada. Su gran admiración española en el campo de la literatura, y además muy amigo suyo, era Pío Baroja, y tenía algo del espíritu acre y de esa manera despreocupada de escribir que tenía Baroja.

Le quiero decir también a Mauricio Wacquez que anda mal de memoria: en efecto, *El Bosco* era uno de los cafés en los que se hacían aquellas tertulias, pero el bar de Teófilo era mucho más sórdido que *El Bosco*, que al fin y al cabo era una cosa más o menos normal. Pero *El Iris*, que era el bar al que le gustaba ir a Teófilo, era lúgubre y sórdido, mientras que nosotros, los de mi generación, gustábamos de ir a un bar al que llamábamos "el de los alemanes de la calle Esmeralda", y lo que yo recuerdo de ese lugar es a la gente que, hacia las dos de la mañana, tenía manchas blancas en el traje, porque nos manchábamos con vino tinto y suponíamos que con la sal se quitaban esas manchas, de manera que había una cofradía de señores con manchas blancas en la ropa que discutían y hablaban con gran animación.

Después querría decir algo también sobre Coloane. He tenido un problema hace poco con un amigo, con Luis Sepúlveda, porque un periodista italiano me llamó por teléfono para hacer una crónica sobre Sepúlveda y sobre otros novelistas actuales, y sobre un nuevo escritor, me dijo, que se llama Francisco Coloane. Yo me reí, naturalmente, porque yo estudié a Francisco Coloane en el colegio. Imagínense ustedes, con lo viejo que soy yo, y lo leía en el colegio de los jesuitas. Total, que este periodista publicó su crónica en una revista de Milán, y Luis Sepúlveda se indignó porque decía que yo

---

* *J'en ai marre.*

me reía de Coloane. ¿Cómo me voy yo a reír de Coloane, si Coloane es la prueba viviente de que el whisky le hace muy bien a la salud? Porque Coloane tiene noventa y siete años, y está como un roble, y es la persona que bebe más whisky de todas las que conozco. Además, es un buen amigo mío. Es un hombre obsesionado por el mar: resulta que los Edwards de Chile provienen de un marino que desembarcó en un puerto del norte del país a principios del siglo XIX; pues bien, el día que yo cumplí cincuenta años llegó Coloane y me hizo un discurso —bastante macarrónico, supongo que ya habría bebido a esas alturas del día bastante whisky—, y al final del discurso me regaló un cangrejo vivo. Al final, todos terminamos la fiesta a gatas, buscando el cangrejo, que se había escapado y se había escondido debajo de una cama.

En cuanto a Lafourcade, diré que inventó la polémica de la Generación del 50, es verdad, porque él quería ser famoso. Pero yo no tengo nada que ver con eso, porque por aquella época ni siquiera estaba en Chile: estaba estudiando, con una beca, en una universidad de los Estados Unidos. Después supe que Lafourcade, que trabajaba de secretario del director de la Escuela de Derecho, le propuso a un profesor que hicieran una discusión pública: "Tú me atacas, y yo contesto", le dijo. Y este profesor habló de la escasa moralidad de esa generación anarquizante, lectora de los existencialistas franceses, y atacó fieramente a esta generación. El caso es que Lafourcade, efectivamente, le contestó, y se armó una polémica fenomenal, hasta el punto de que cuando yo llegué a Chile todavía coleaba todo aquello.

En cuanto a la diplomacia, debo decir que en realidad yo no estuve tan cómodo en la carrera diplomática. Hice muchos trabajos antes de ingresar: fui periodista, y fui hasta pequeño agricultor. Se me pudrieron las cosechas. Me asocié con un amigo y alquilamos unas tierras. Hicimos un análisis químico de la tierra, que nos parecía la cosa más moderna del mundo, y el análisis dio unos resultados fenomenales. Pero resulta que la tierra aquella tenía aguas subterráneas, y nos tocó el año más lluvioso de la historia de Chile. Recuerdo que hasta se ahogó un potrillo, porque todo nuestro campo se había convertido en una especie de laguna. Habíamos plantado cebollas, que crecían muy bien y con mucha fuerza porque, en efecto, la tierra era muy buena; pero en cuanto la raíz tocaba el agua, la cebolla se doblaba y crecía para dentro. Y las zanahorias crecían como árboles: una vez sacadas eran un hito de zanahorias. Así que bueno, todo eso tiene bemoles. Una señora muy amable, muy guapa, además, que era viuda de un diplomático, me dijo: "Mira, tú no vales para esto de la agricultura. Métete en la diplomacia". Y ella habló con una gente, me permitieron participar en un concurso y me metí en la diplomacia. Cuando fui diplomático tuve que disimular siempre que yo era escritor. Ustedes saben que eso era frecuente en todas las diplomacias del mundo: por ejemplo, en Francia, Saint John Perse, que era un poeta extraordinario, tuvo un alto cargo diplomático, y una vez un ministro —estamos hablando de los años treinta— le dijo: "He sabido que usted escribe poesía". Y él le contestó inmediatamente: "Eso es una calumnia, señor ministro". Yo tenía que disimular, porque estaba en la dirección económica. Me ocupaba de tarifas aduaneras, y no fue una cosa tan cómoda como cree Mauricio. Tuve que quemarme las pestañas estudiando tratados comerciales, tarifas aduaneras, y luego escribir de noche, y escribir además de forma disimulada. Yo miraba todo este movimiento del *boom* desde la distancia, porque tenía una cierta tranquilidad económica, tenía un sueldo todos los meses, pero también es verdad que tenía que trabajar mucho y lo pasaba bastante mal. Quizá sí haga una novela de la diplomacia alguna vez, porque ahora volví por un tiempo a la diplomacia, como representante de Chile en la UNESCO, y encontré que se podría hacer una novela satírica bastante interesante —pero no quiero que lo sepa Federico Mayor Zaragoza, que es amigo mío y muy buena persona—. Descubrí, por ejemplo, que toda intervención comienza con un cuarto de hora de felicitaciones: se felicita al Presidente del Comité, al Secretario, al orador anterior, etcétera. Cuestan carísimas estas felicitaciones, porque se traducen al chino, al ruso, al árabe, etc... Después se imprimen en seis idiomas y se reparten a cuatro mil lugares del mundo, así que cada felicitación cuesta una fortuna. Yo fui presidente de un comité, y comencé mi trabajo diciendo: "Señores, les ruego que no me feliciten, ya me doy por felicitado". Tomó la palabra el delegado de Malasia, y dijo lo siguiente: "El señor Presidente nos ha prohibido que lo felicitemos, pero yo voy a contravenir su prohibición y, a pesar de todo, lo voy a felicitar". Así que conseguí que la felicitación fuera más larga todavía.

Por cierto, que a mí me echaron de la diplomacia no porque los militares no lean, sino todo lo contrario: me echaron de la diplomacia porque los militares me leyeron. Yo escribí un artículo que era una reflexión sobre el golpe de Estado —reconozco que fue imprudente hacerlo— y, claro, los militares lo leyeron y me echaron. Me hicieron un gran servicio, porque habría sido muy incómodo para mí ser diplomático de esa dictadura, con la obligación de tener que estar dando explicaciones de cosas absolutamente inexplicables. Eso me hizo lanzarme al mundo de la literatura y salir adelante de algún modo. No hay triunfos en esto de la literatura, todos los triunfos —y todas las derrotas— son parciales, pero por lo menos pude concentrarme en escribir. Es curioso que, cuando me hablaron de hacer esta Semana de Autor, lo que pensé es que llevo ya más de cincuenta años escribiendo. Es asombroso. Porque mi primer artículo, el que publicaron en aquella revista del colegio, lo publiqué cuando yo tenía once años de edad. Así que para mí es muy conmovedor estar aquí y hablar de esta historia tan larga en la que se ha mantenido una fidelidad absoluta a la lectura y a la escritura. En el proceso de la escritura se hace de repente una página que está bien, y el más feliz es uno mismo. Lo más bonito de la vida literaria chilena de aquellos tiempos era eso: cuando uno escribía un cuento, y ese cuento le gustaba a Enrique Lihn, a Luis Oyarzun Peña y a Teófilo Cid, uno se sentía como si se hubiera sacado el Premio Nobel.

En fin, yo creo que ahí puedo quedar. Muchas gracias.

Teodosio Fernández

Gracias. Bueno, como las intervenciones han sido extensas, lo dejaremos aquí y la participación del público queda para los próximos días. Cerramos, pues, esta primera sesión. Yo agradezco la presencia de los que han intervenido y de todos ustedes. Nada más. Hasta mañana.

Segunda sesión

Martes, 28 de octubre
La memoria y las rupturas
políticas: *Persona non grata* y
Adiós, poeta

Nora Catelli

Iniciamos esta segunda jornada de la Semana de Autor dedicada a Jorge Edwards y como ayer se cumplieron todos los protocolos, hoy voy a prescindir de ellos y, sin agradecimientos ni felicitaciones, voy a empezar a presentar a quienes están en la mesa para hablar de ""Memoria y rupturas políticas".

Armas Marcelo tiene un currículum muy extenso, de manera que lo voy a resumir: nació en 1946, empezó a publicar en 1974, con una novela que fue premio Galdós, *El camaleón sobre la alfombra*, y otras de sus novelas son *Estado de coma*, en 1976; *Calima*, en 1978; *Las naves quemadas*, de 1982; *El árbol del bien y del mal*, de 1985; *Los dioses de sí mismos*, de 1989, con la que obtuvo el Premio Internacional de Novela Plaza y Janés. Es autor de distintos ensayos y de numerosos artículos, algunos de los cuales ha recopilado en el libro *Tal como somos*. En 1996 publicó una nueva novela, *Cuando éramos mejores*, y es inminente la publicación de su última novela, *Así en La Habana como en el cielo*. Es comentarista político, columnista y, como dicen ahora, tertuliano radiofónico.

A continuación intervendrá Javier Pradera, que nació en San Sebastián en 1934. Licenciado en derecho, fue director de la casa española del Fondo de Cultura Económica, director editorial de Alianza Editorial entre 1967 y 1988. Durante diez años, desde 1976 hasta 1986, fue jefe de la sección de opinión de *El País*, y desde 1989 es codirector de la revista *Claves de la razón práctica*. Es analista político, y consejero de la sociedad editora del diario *El País*. También es tertuliano radiofónico.

Fanny Rubio no sé si es tertuliana, pero es doctora en filología y profesora de literatura española en la Universidad Complutense de Madrid. Es colaboradora de prensa, poeta y novelista. Entre sus últimos libros se encuentran las novelas *La sal de chocolate*, publicado en 1992, y *La casa del halcón*, de 1995.

Dos palabras antes de ceder el turno a los que tienen que discutir aquí sobre "La memoria y las rupturas políticas": empezaré por comentar, sólo por comentar —y preguntarme a partir del comentario—, cómo es la voz de Edwards como memorialista, pues haciéndolo podremos reflexionar sobre algo que a mí me parece importante y que supongo que aquí se discutirá, y que no es otra cosa que la enorme diferencia que existe entre el memorialismo hispanoamericano y el memorialismo español.

Sé que es un recurso fácil empezar por comentar la cuestión de la memoria, pero creo que lo que más me llamaba a mí la atención volviendo a releer los dos libros fundamentales de Edwards, *Persona non grata* y un libro casi diecisiete años posterior, *Adiós, poeta*, era la fascinante y precisa construcción de una voz de cronista y de un personaje observador, equidistante, dubitativo, perplejo, preciso y siempre concreto. Yo me preguntaba qué clase de voz y qué clase de personaje proponía Edwards a sus lectores en esos dos libros. Me contesté que el personaje es un personaje curioso y totalmente americano: el del ciudadano. ¿Por qué digo ciudadano? Porque es un personaje liberal, jacobino, republicano, un personaje que nace con nuestras repúblicas y que no tiene deudas, ni relaciones, ni posiciones, como por ejemplo esa relación incestuosa que tiene España con Cuba. Para todos los americanos, Cuba se convierte en un problema, pero no en un pasado, en 1959. La historia de la relación entre Cuba y España es una historia mas complicada, más larga, que requeriría muchas matizaciones. La diferencia enorme de ese registro de Edwards y otros registros que abundan en la producción de memorias e incluso de novelas en España, incluso en autores tan impensados como Javier Marías en *Todas las almas* o Juan Benet en *Sub rosa*, en la que aparece una historia cubana doble, no se encuentra tampoco en otros autores americanos. Ese registro es la clave de esa posición tan peculiar de Edwards como memorialista. Yo creo que Edwards, que sin duda es quien inaugura el discurso del memorialismo moderno y contemporáneo en la literatura hispanoamericana, lo inaugura a partir de la construcción de esa voz mesurada, perpleja, dubitativa y concreta.

Esa es la pregunta que yo me hacía, y el resto lo dirá los que aquí intervendrán a continuación. Por orden alfabético, le corresponde el turno a Armas Marcelo.

J. J. Armas Marcelo

Muchas gracias, Nora. Tienes razón cuando dices —yo no lo había pensado nunca— que el adjetivo que nos va a los españoles a lo largo de este siglo con respecto a Cuba, en la medida que es una de las partes fundamentales del día de hoy —me refiero al homenaje a Edwards y a su libro *Persona non grata*— es el de las relaciones incestuosas. No se sabe quién es quién, pero en el fondo es así. Tú has hablado de Marías y de Benet, pero a mí no me gustaría olvidar esa pasión que sintió Juan Goytisolo al principio de la Revolución, también por motivos familiares, porque él tenía antecedentes familiares allá. Y hay una novela olvidada, que yo no sé si es buena o es mala, pero que se ha olvidado demasiado, igual que a su autor, que sí es efectivamente bueno: me refiero a Alfonso Grosso y a su *Testa de copo*, y sin duda existe esa relación incestuosa y literaria que Edwards ve de otra manera.

Yo quisiera leerles con detalle este texto, quizás algo provocativo, aunque no puede ser menos, porque el caso de Edwards todavía permea cualquier discusión que se tenga, en La Habana o fuera de ella, sobre los intelectuales, sobre los escritores americanos, latinoamericanos o españoles.

La primera edición de *Persona non grata* es de diciembre de 1973, de modo que, a finales de 1998, que es un año crucial para la historia de España, de Cuba y de Chile, se cumplirán veinticinco años de aquel instante en que Edwards comenzó a suicidarse literariamente por decir la verdad, que era, en todo caso, su verdad: la verdad que había visto y vivido en Cuba durante una temporada fascinante cuando fue el primer representante y encargado de negocios del gobierno de Chile en La Habana tras la reanudación de relaciones diplomáticas entre los dos países, gobernados a la sazón por Fidel Castro y Salvador Allende. Tres meses antes de la publicación de *Persona non grata*, el 11 de septiembre de 1973, el general Augusto Pinochet dio un golpe de Estado en Chile que acabó con el gobierno de la Unidad Popular de Salvador Allende y que mató la libertad y la democracia durante largos años en un pueblo y en un país cuya tradición, salvo pequeños saltos en el vacío, era la del respeto a las libertades, los derechos humanos y la democracia. En este contexto trágico se publica *Persona non grata*, que, aunque no lo sea, ni mucho menos, puede leerse hoy como una novela histórica, dramática, grotesca y kafkiana, y que además se interpretó en su momento, y todavía hoy por una parte importante de la opinión pública latinoamericana, como una traición a la izquierda por parte de un diplomático chileno que tuvo la confianza de Allende y que por eso, precisamente, fue enviado a La Habana a abrir su primera embajada. Un día de aquel diciembre de 1973, como otras tantas veces, yo tuve el privilegio de estar en el despacho de Carlos Barral, en la calle Balmes de Barcelona, y pude ver llegar de la imprenta los primeros ejemplares de *Persona non grata*, y tuve la oportunidad de hacerme con uno de ellos, todavía caliente, que un mes más tarde, en enero de 1974, me firmó Jorge Edwards y que no es otro que este ejemplar que tengo aquí. A Jorge lo había conocido personalmente un año antes, en Barcelona, en la casa de Vargas Llosa, cuando el novelista chileno al que hoy homenajeamos —un poco tardíamente, dicho sea de paso y sin desdoro de nadie— estaba escribiendo, precisamente, *Persona non grata*, cuya lectura significó para mí un fuerte impacto y una propuesta muy seria de revisión de algunas tibiezas intelectuales y de algunos puntos esenciales del papel ético y estético de un escritor en nuestro mundo.

Un par de años antes había ocurrido en Cuba el escandaloso "Caso Padilla", que partió en dos el espectro de la intelectualidad y la cultura latinoamericana, española, por supuesto, e incluso mundial, que se cultivaba por entonces en Nueva York y, sobre todo, en París: a un lado quedaron, a pesar de todo, los seducidos *sine die* por la Revolución castrista, que se negaba a entender lo que estaba ocurriendo en Cuba, que no es más que lo que, en todo caso, sigue ocurriendo más o menos hasta hoy, la época del período especial profundo; del otro, los abandonados que, por su propia voluntad, se enemistaron con el mismo régimen revolucionario de Cuba y con su líder máximo, Fidel Castro, según el cual dentro de ese régimen cabía todo, pero, fuera de sus fronteras, no cabía nada de nada. Añádase el recuerdo de lo que el Che Guevara había proclamado en su momento, poco después del triunfo de la Revolución, sobre los escritores y los intelectuales cubanos. Quizá tuviera razón en lo que dijo: que el mayor problema de los escritores y de los intelectuales, y uno de los mayores problemas de Cuba, era que no habían participado en la Revolución. Creo que, con esto, el mapa de la situación estará terminado en sus muchos puntos cardinales para ser discutido.

En ese contexto hay que situar la memoria de *Persona non grata*: en su justa época y en ese estado de cosas, para que entendamos mejor lo que yo he dado en llamar, quizá un tanto exageradamente, el "caso Edwards". Yo estoy seguro de que Edwards, a quien admiro desde que lo conocí y desde que leí a ese observador inmisericorde e irónico que posee un gran sentido del humor —al que admiro, por tanto, como novelista y como amigo cercano y cómplice—, no hubiera existido nunca como caso, y menos como un caso perdido, y únicamente se le hubiera conocido como el escritor sobresaliente que es, de no haber cometido la osadía y haber tenido la valentía de publicar ese libro, entonces, y todavía hoy, políticamente incorrecto, literariamente inconveniente y personalmente suicida. Digo suicida por segunda vez, tomando prestado el término que es tan querido para este asunto por el propio Jorge Edwards. Ni siquiera con el caso Padilla, ni con la publicación de *Persona non grata*, que es un estallido de libertad literaria, se pudo demostrar lo que era evidente: que los métodos políticos de Fidel Castro eran los de un dictador sin paliativos. Pero todo hay que decirlo, para despistados europeos y españoles, que suelen obviar que tiene un gran talento político y un no menos extraordinario instinto para la resistencia, la seducción, la autopropaganda y la publicidad, amén de una capacidad de trabajo que no pueden hoy negarle ni sus peores enemigos: casi veinticinco años después de la publicación de *Persona non grata*, Edwards sigue siendo tratado en ciertos ambientes con cierta reticencia, cargando sobre sus espaldas con un marchamo ideológico que estoy seguro que no le corresponde. Y no sólo por el prototipo de lo que, con un punto de exageración y sarcasmo, han dado en llamar algunos "el idiota latinoamericano", cuando tienen tan a mano al idiota norteamericano, sino por gente con otras claridades mentales, por una clase dirigente cuyo discurso literario y político tiene que ver más con el tablado de la farsa y sus ambiciones personales —sin excluir aquí a los literatos—, y quizá con el mal gusto y el vicio de mirar para otro lado cuando el suceso, cualquiera que sea su índole, está delante mismo de nuestros ojos.

Desde entonces, *Persona non grata* es un clásico leído en el mundo entero y, naturalmente, en La Habana y en todo el archipiélago cubano, donde es uno de los libros más caros y más difíciles de adquirir en la más oscura clandestinidad: tres latas de leche condensada y un kilo de arroz, por ejemplo; casi el mismo precio que se paga por las joyas de la corona, *Tres tristes tigres* y *La Habana para un infante difunto*.

Hace veinticinco años, la lectura de *Persona non grata* me produjo un respeto imponente, el mismo que le mantengo al escritor y novelista Jorge Edwards, del que me siento muy cómplice personalmente y al que tengo por excelente novelista en títulos tan claros, necesarios e insoslayables a nuestra literatura como *El peso de la noche*, *Los convidados de piedra*, que es un hallazgo literario de primera magnitud, como recordó aquí anoche Mauricio Wacquez, o *Fantasmas de carne y hueso*. Invito a los directores de cine americanos y españoles a que lean esos relatos, para que vean que ahí hay siete u ocho películas muy buenas, mucho mejores que las que se suelen hacer habitualmente, y *El origen del mundo*. Ocurre que la memoria de Edwards va íntima, ética y estéticamente unida a la historia que narra. Siempre que lo leo —que lo leo siempre—, siempre que lo veo y siempre que hablo con él aprendo muchísimo. Y lo escucho y lo veo situado en aquel campo de valentía intelectual e ideológica en el que se ubicaron, por derecho propio, Arthur London, Koestler y Semprún, por citar algunos casos muy conocidos, sin duda unidos en la realidad histórica ante lo que se ha dado en llamar *La seducción de los intelectuales*, libro que no por casualidad publicó aquí en España Beatriz de Moura en Tusquets Editores*. Los mismos editores de Edwards, de Semprún y, en los últimos tiempos, de Reynaldo Arenas. Como Edwards, estos escritores, cada uno en su especie, se bajaron del cielo de la farsa y dieron su testimonio y su memoria a la Historia, a la literatura y a sus lectores, sin descender por ello de sus valores literarios, sino todo lo contrario. De ahí, probablemente, su imposible exclusión y su satanización durante decenios; de ahí el ninguneo injusto e interesado y las reticencias de tantos. Resulta que la memoria, lo que es muy claro también en *Adiós, poeta*, es un valor ético, estético y literario de primera dimensión. Y no soy yo el único que mantiene este criterio. Es, además, uno de los rincones necesarios en los que sobrevive la libertad y la conciencia del hombre y del escritor, tal y como acaba de demostrar Eliseo Alberto con la publicación de *Informe contra mí mismo*, otra confesión de parte de uno de los más importantes y exigentes novelistas de la Cuba actual, quien, como es natural, ha tenido que exiliarse a México sin las alharacas ni los llantos a destiempo de otros de cuyos nombres, hoy por lo menos, en este homenaje a Edwards, no quiero acordarme.

Si la experiencia cubana de Edwards, reflejada en *Persona non grata*, fue un revulsivo en aquel momento de su publicación, y todavía hoy, lo mismo puede decirse, aunque en otro contexto y otra circunstancia —no tan distintas, sin embargo—, de *Adiós, poeta*, la semblanza biográfica y autobiográfica que Edwards dedicó a uno de sus más grandes amigos y a uno de los más grandes poetas de América y de España en este siglo, Pablo Neruda, que fue, ya lo hemos dicho, su amigo y confidente, que aconsejó además a Edwards que escribiera *Persona non grata*, aunque también le aconsejó que no la publicara entonces, que la guardara para momentos menos checoeslovacos. A Neruda se debe uno de los versos más paradójicamente realistas y desgraciados de toda la América latina, aquel que dice "Patria: palabra triste, como termómetro o ascensor". No en vano habrá que recordar en este homenaje a Edwards que el propio Neruda, a pesar de los pesares, sufrió los torpes rigores, los improperios y las embestidas arbitrarias de la Cuba oficial, que lo rechazó violentamente en un documento firmado por poetas y escritores cubanos de la línea radical, documento tan inolvidable como nefasto, innecesario y fuera de lugar. Ahí, en las páginas de *Adiós, poeta*, aparece Pablo Neruda, el protagonista y su época, tal como era, con las ínfulas y carencias de la condición humana, sin deificaciones hagiográficas ni mentirosas, sino exactamente humano, contradictorio, inteligente, viajero, egoísta, vividor, coleccionista, genial, poeta... En una palabra, tal como era en sus químicas profundas y en sus apariencias múltiples. Para escribirlo y describirlo así, Edwards no tuvo que mentir, ni inventar una épica innecesaria ni hiper-

---

* Stephen Koch: *El fin de la inocencia*

bólica: sólo usó cuanto había vivido al lado de Neruda, cuanto sabía de su tiempo y de sus tiempos —del de Neruda y del suyo propio, que a veces coincidieron y fueron comunes—, ni siquiera tuvo que bajar al gran poeta del pedestal, como intentaron inútilmente en su momento, con torpeza y mala voluntad, el único poeta cubano que tiene coche y chófer oficial en La Habana de hoy y "los abajo firmantes" del documento contra Neruda. Edwards se limitó a utilizar, literaria y estéticamente, esa facultad humana tan enojosa y molesta, y por eso mismo tan denostada por los enemigos de la libertad: la memoria escrita, el recuerdo literario. Porque aunque algunos crean que recordar es mentir dos veces, que puede ser posible a veces, esa facultad humana, demostración de la libertad del hombre en las más adversas circunstancias, la memoria del escritor es tan necesaria para él como lo es para cualquier ciudadano libre. De, y con ese material, se escribe la Historia de verdad, aunque parezca relato de ficción y territorio de fabulación literaria; un lenguaje y un material mucho más veraz que el que muchas veces utilizan tantos políticos, escritores e historiadores al servicio del poder de turno y de sus intereses particulares, y con ese material escribió Edwards *Persona non grata* y *Adiós, poeta*, dos de sus mejores libros.

Estoy seguro de que el camino que ha escogido el escritor Jorge Edwards en un camino todavía muy difícil, muy antipático para mucha gente, nunca bien entendido. Muchas veces está bifurcado y lleno de matices, si ustedes quieren que así sea, pero es una latitud intelectual que muchos lectores no tenemos inconveniente en aplaudir en privado en el momento del hallazgo de su lectura, y muchos escritores tenemos todavía el privilegio de aplaudir en público. Y no me cabe duda alguna de que no sólo es una puerta abierta siempre a la libertad necesaria al ser humano, un territorio de la literatura más rigurosa y arriesgada —tanto que hablamos, hoy todavía, del compromiso del escritor con su sociedad y con su tiempo—, sino que además es el método más serio y contundente para que la verdad no sea secuestrada torticeramente por nadie en beneficio propio. Un método —aunque produzca rotura y fracturas definitivas— le llega al escritor la absolución de una historia que otros, casi siempre políticos totalitarios, tratan de cogerse para sí mismos, seguramente para librarse de la distancia y el olvido al que se saben condenados por la memoria del futuro.

Muchas gracias.

Nora Catelli

Muchas gracias. Tiene la palabra Javier Pradera.

Javier Pradera

Buenas noches. Para mí es una gran satisfacción participar en esta mesa redonda en torno a la obra de Jorge Edwards por dos razones: por la amistad que me une con Jorge y por la admiración que siento hacia su obra.

Entre paréntesis, y para hacer caso de la provocación de Nora Catelli en torno al tema de Cuba, yo haría un apunte para el caso de que luego nos enredemos en una discusión: en 1898, es decir, hace un siglo, Cuba era una parte de España, igual que lo puede ser Canarias ahora, y los españoles vivieron la guerra de Cuba con el mismo dramatismo que podría producirse ahora con la secesión de Cataluña, el País Vasco o Canarias. Yo no creo exagerar al decir que en cada familia hay un brote cubano. Yo puedo confesar que un bisabuelo mío, un bisabuelo paterno, fue un campesino navarro que hizo dinero en Cuba; un tío abuelo mío nació en Cuba, y mi abuelo materno era militar y luchó en la guerra de Cuba y murió como consecuencia de una enfermedad que contrajo durante la guerra de Cuba. De forma que no es sólo el caso de los Goytisolo: hay muchísima gente, muchísimas familias en España, sobre todo gente de mi edad, que tienen una visión de Cuba como una parte de España que se desgajó hace un siglo.

Yo quería hablar de dos cuestiones diferentes a propósito de la discusión de esta noche. En primer, las relaciones entre Jorge Edwards como novelista y Jorge Edwards como autor de libros de memorias, y otra, que creo que está relacionada, es el debate en torno al escritor comprometido, es decir, a los intelectuales y creadores latinoamericanos que en los años 50, 60 y 70 estuvieron comprometidos con la Revolución cubana y con el socialismo y con la izquierda, y que, a partir de experiencias tan negativas como la de Jorge Edwards en Cuba, cancelaron ese compromiso.

En cuanto al primer aspecto, es decir, en cuanto a las relaciones entre el Edwards novelista y el Edwards memorialista, cuenta Jorge en *Adiós, poeta* una discusión suya con Mario Vargas Llosa en París, a comienzos de los 60, sobre Proust. Y Vargas Llosa, que siempre es muy extremista en todos sus planteamientos, en aquel tiempo era un crítico feroz de la recóndita intimidad proustiana —no sé si lo es ahora—. Edwards argüía, en defensa de Proust, que la subjetividad del escritor y los mecanismos de su memoria creativa pueden construir mundos novelescos fascinantes, porque esa memoria creadora no sólo extrae materiales de las vivencias del pasado para transmutarlas en personajes de fábula o en acontecimientos imaginarios, sino que también puede lograr, en las evocaciones autobiográficas que se atengan a criterios de veracidad y de relativa exactitud en los datos, también pueden lograr el apresto literario que sirve para diferenciar entre las memorias de un escritor, como es el caso de Jorge Edwards, y la mera reconstrucción de los episodios de una vida en tantas memorias escritas por personajes que no son escritores. Yo creo que ese es el caso de los dos libros de Jorge que estamos comentando aquí, *Persona non grata* y *Adiós, poeta*, y también de algunas crónicas escritas fuera de su país para diarios y revistas chilenos, que acaba de editar Juan Cruz en Alfaguara, en un volumen que se titula *El whisky de los poetas*. Que Jorge Edwards no levanta un muro entre su condición de novelista y su condición de memorialista no es una conjetura mía, ni del lector, sino que es una afirmación explícita suya. En una nota a la edición de 1991 de *Persona non grata*, publicada en Tusquets, Jorge dice que "la obra está mucho más cerca de la novela que de cualquier otra cosa, aun cuando no inventa nada en el sentido tradicional de la palabra inventar. O, mejor dicho, sólo inventa un modo de contar esa experiencia". De ahí que cuando Carlos Barral, el primer editor de *Persona non grata*, le pidiera a Edwards una frase para definir el libro, éste le contestara "una novela política sin ficción".

Yo creo que también *Adiós, poeta* participa de esa condición de texto a medio camino entre la reconstrucción fidedigna de una experiencia vivida y la transmutación literaria de materiales verídicos en una obra literaria con autonomía propia. En unos cursos críticos sobre los descuidos de Neruda y sobre su escritura compulsiva, Edwards se preguntaba, retóricamente, "qué sentido tendría escribir memorias si no es para ser franco, para franquearse buscando la síntesis de la ficción verbal y de la fidelidad a la verdad de la memoria". Ciertamente, el hilo conductor de *Adiós, poeta* es la figura de Pablo Neruda, pero la figura del poeta no le impide a Edwards una perspectiva desde la que reconstruye horizontes mucho más amplios y aporta materiales para realizar una crónica sobre la vida cultural chilena y latinoamericana.

Desde mi punto de vista, los dos libros, *Adiós, poeta* y *Persona non grata*, están unidos por el propósito subyacente de rehacer el itinerario típico de un intelectual de izquierdas latinoamericano, esto es: de reconstruir los caminos iniciáticos de la educación política y sentimental que llevó a Jorge Edwards desde las simpatías izquierdistas y la militancia procubana hasta la desilusionada comprobación de que los sueños de cambiar la vida se habían desvanecido. Ese viaje iniciático comienza al principio de los años 50 en el Chile literario dominado por la figura de Neruda. "En aquellos años", rememora Jorge, "empezaría a sentir la fascinación de la izquierda e incluso de su dogmatismo, de su actitud totalizadora y simplificadora". Y nadie podría ayudar a Jorge Edwards para que, en ese largo camino, no cayera en todas las trampas y pasara por todos los sufrimientos. Ni siquiera un acompañante tan experto como Neruda, que en 1967 le recomendó a Jorge que no viajase a Cuba para asistir al congreso cultural de La Habana —en el que yo sí estuve— y que no fuese miembro del jurado de la Casa de las Américas con una frase enigmática: "Me parece que ya es demasiado tarde para ir a Cuba". Como dice Jorge, "es imposible e inútil explicarle las cosas a una persona que no ha hecho la experiencia de los conflictos reales por su propia cuenta". Esa experiencia le llegaría a Edwards por vivencia directa de algunos de los sucesos más dramáticos de nuestra época: el discurso de Jruschov sobre los crímenes de Stalin, la Revolución cubana, el mayo del 68, la primavera de Praga y su abrupta interrupción por la invasión soviética, la Unidad Popular de Chile y su estancia en Cuba. Algunas crónicas de *El whisky de los poetas* vuelven sobre la fiebre política ideológica que se apoderó de la generación de Edwards, especialmente desde la Revolución cubana. Yo creo que un signo de honradez es la decisión de asumir el pasado en su integridad y no a beneficio de inventario, sin recurrir a ese doble movimiento que es aflorar solamente las partes valiosas y dignas de una experiencia política militante, relegando al olvido las partes incómodas o simplemente vergonzantes. En ese sentido, yo creo que Jorge no sigue el detestable ejemplo de algunos militantes y compañeros de viaje que siempre explican con motivos nobles y generosos su entrada en el partido o en una causa revolucionaria, y siempre explican con motivos nobles y generosos su salida de esa misma causa, descargando sobre terceras personas o sobre entidades abstractas, como lo pueden ser el partido o la Revolución, las vilezas, las cobardías o las infamias cometidas o toleradas durante su etapa de activistas. En una de las crónicas de este libro, *El whisky de los poetas*, Edwards levanta acta, con cierta perplejidad, de la mentalidad pragmática de las nuevas generaciones. Hay un muchacho que se le acerca, supongo que será en Santiago, y le dice: "Nosotros estamos comprometidos con la relatividad, con el depende.

Si nos preguntan si estamos a favor de un asunto determinado, de una ley, de una política, contestamos: 'depende de esto, depende de lo otro'. No conocemos las grandes pasiones ideológicas, las ilusiones, las utopías de las generaciones anteriores. Sentimos que esas generaciones se equivocaron, y que nosotros estamos pagando las consecuencias". Pero hay que hacer constar que en Edwards no hay ni sombra de añoranza por aquellos viejos tiempos en los que el sacrificio cierto del presente se hacía en nombre de un futuro incierto. Las malas consecuencias de ese compromiso para la literatura eran evidentes: como dice Jorge, "una literatura no atraviesa sin impunidad, sin heridos, muertos o desaparecidos, por un largo período de crisis política. Toda crisis política implica censura, simplificación intelectual, polarización, incluso antes de llegar a la censura por decreto".

Ahora, en 1997, tras la caída del muro de Berlín, tras la descomposición de la Unión Soviética, no resulta fácil explicar a quienes no vivieron aquella época ese alineamiento sin fisuras con los países del socialismo real, en general, y con la Revolución cubana en particular, de intelectuales y escritores como Jorge Edwards, y más aún explicarles que ese alineamiento fuese un dogma indiscutible entre muchos intelectuales como Mario Vargas Llosa, Goytisolo, Semprún y todos nosotros. De creer a Jean Paul Sartre, la expresión "intelectual de izquierda" constituye una redundancia, ya que a la derecha le estaba negada, ontológicamente, la posibilidad de ser intelectual. Eran los tiempos optimistas de la izquierda, los tiempos inmediatamente posteriores al vigésimo congreso del P.C.U.S. en la Unión Soviética. Por una parte, nos habíamos enterado de los crímenes de Stalin, pero, por otra, pensábamos que esa autocrítica era una garantía de que empezaba un nuevo tiempo y que la democratización del bloque soviético, una vez socializadas las relaciones de producción, era inevitable. Los soviéticos se habían adelantado en la carrera espacial, anunciaban que sobrepasarían a los Estados Unidos en renta per cápita en poco tiempo, hacía apenas una década que los comunistas chinos habían concluido triunfalmente su larga marcha y parecían, además, un modelo alternativo en el que Mao decía "que florezcan cien flores". El proceso de descolonización avanzaba en Asia y en América latina, Argelia luchaba por la independencia, los barbudos del 26 de julio habían entrado en La Habana y habían proclamado el primer territorio libre de América latina, y la extensión en cadena de las dictaduras militares en América latina nos hacía pensar a todos que sólo la lucha armada y la guerrilla podían sacar al continente del atraso y de la opresión. Con esto quiero decir que esa fiebre en la que estaba Jorge, y estaba yo, y estaba tanta gente, se produjo en un contexto de auge de la izquierda y de la Unión Soviética en todo el mundo. Y todos estos acontecimientos nos orientaban en una dirección: pensábamos que la buena marcha de la Historia estaba en esa especial combinación que sólo el marxismo podía dar: el determinismo sociológico y la superioridad moral. El socialismo triunfará y, además, es moralmente superior.

La revolución cubana y el mayo del 68 produjeron luego un efecto paradójico del que habla Jorge en su libro: los compañeros de viaje y los escritores simpatizantes con los cubanos de repente se encontraron a la izquierda de los viejos partidos comunistas, que eran denunciados por los propios cubanos como "pactistas". En el momento en que Jorge llega a La Habana, ya se habían producido los primeros sobresaltos: había muerto el Che en Bolivia, los soviéticos habían ocupado Praga, ya habían censurado a Padilla. Pero Jorge llega como un embajador de la Unidad Popular chilena y en medio de la ola de optimismo, de crecimiento, de avance de la izquierda. Y yo creo que es muy interesante en el libro la percepción, por parte de Edwards, de las cosas que no funcionan, fundamentalmente por su sensibilidad de escritor. Él se da cuenta de que hay un doble lenguaje, de que las palabras significan cosas distintas, y empiezan a chirriarle lo que los franceses llaman la lengua de madera de la retórica, de la burocracia revolucionaria. Como Juancho Armas Marcelo se ha ocupado ya de eso, no quiero detenerme más. Yo sólo quiero decir que la literatura sobre la decepción del socialismo real es muy abundante, y ya pasada de moda después de la caída del muro de Berlín, y que, en cualquier caso, van a quedar de pie únicamente los testimonios que han tomado esa forma literaria que Edwards defiende en el prólogo a la edición de 1991 de *Persona non grata*. Es decir, que quedarán Koestler, Silone, Semprún, Jorge Edwards, y algunos pocos más.

Hay una cosa en el libro de Jorge que también sería interesante analizar. Me refiero al choque, al conflicto entre dos culturas distintas como son la cultura chilena y la cultura cubana. Yo creo que los mejores pasajes del libro, al menos en mi recuerdo, son la llegada del "Esmeralda" —el "Juan Sebastián Elcano" chileno— a Cuba y el encuentro del comandante del barco con Fidel y, en general, el encuentro de los marinos chilenos con los cubanos, y, por otra parte, ese ambiente sofocante y terrible, que Jorge aprovecha al máximo, del ojo del Gran Hermano en La Habana del año 72. La última vez que yo estuve en La Habana fue en 1967, precisamente cuando se produjo el "caso Padilla", y ya en aquel tiempo la pesantez, la sensación de acecho que había en Cuba era algo terrorífico. Hay una anécdota graciosa que cuenta Jorge: él llegó a la casa de Mario Vargas Llosa en Barcelona, y estaba todavía tan enloquecido que le preguntó a Mario: "Oye, ¿no habrá micrófonos en la casa?" Cuenta otro caso, en el libro *El whisky de los poetas*, también muy gracioso: Guillermo Cabrera Infante le mandó a Jorge una carta en la que le decía que no se preocupara, que todos sus temores de haberse vuelto loco eran infundados. Le escribe Guillermo: "No hay delirio de persecución donde la persecución es un delirio".

El libro sobre Pablo Neruda, *Adiós, poeta*, está vinculado a *Persona non grata* por varias razones, pero básicamente porque también en *Adiós, poeta* se describe ese proceso de toma de conciencia de un joven escritor chileno para tomar partido por la izquierda. Curiosamente, Edwards describe a Neruda como una especie de cardenal descreído del Renacimiento, como un hombre que es todavía fiel a la Unión Soviética pero que, en el fondo, no termina de creerse las cosas que defiende. Es un viejo comunista que se plantea la posibilidad de votar a Alessandri en las elecciones de 1970 antes que hacerlo por Allende, un viejo comunista que es muy amigo de los conservadores chilenos y que, en última instancia, tiene ese cinismo que yo también conocí en muchos viejos comunistas de aquella generación: viejos comunistas que habían conocido personalmente la Unión Soviética, que ya estaban de vuelta de todo, que tenían una vinculación emocional con la izquierda pero que, en el fondo, apenas creían nada de lo que decían.

Hablaba al comienzo de esta intervención de dos aspectos, de dos cuestiones distintas y entrelazadas: la primera, los nexos existentes entre la narrativa de Edwards y sus memorias. Yo estoy de acuerdo con Juancho Armas Marcelo en que un marciano podría leerlos aunque no conociese la historia de Cuba o la historia de Chile, simplemente por su buena construcción narrativa. Y la segunda cuestión se refiere al balance de ese compromiso y del posterior desengaño. Dice Edwards: "Las malas experiencias me han llevado a preferir, en los años maduros, los males menores". Yo creo que este escepticismo, este sabio escepticismo que está fuera de entusiasmos neoliberales o de nuevas creencias, me parece un buen saldo de lo que ha sido la experiencia de la generación de Edwards, que, más o menos, es también la mía. Me resulta también muy atractivo, y estoy muy de acuerdo con Jorge, cuando en su libro *El whisky de los poetas* se hace eco del fenómeno de la transición en Chile del pinochetismo a la democracia y dice, con un escepticismo yo creo que maduro y constructivo, que "a la transición la gente le atribuye poderes mágicos y casi religiosos, y parece que el espejismo de la transición equivale a la vieja promesa del Paraíso para los creyentes. Sin embargo, sabemos, y más lo sabemos por viejos que por diablos, que ese paraíso aparentemente perdido y esperanzadamente recobrado, se parecerá más bien, en el mejor de los casos, a un purgatorio moderado y tolerable. Será, cuando mucho, una democracia pobre, una convivencia humana un poco más civilizada o un poco menos bárbara, una modernidad provinciana agobiada por un horizonte de computadoras de segunda mano". Yo no puedo por menos que simpatizar con este planteamiento de Edwards. Yo creo que chilenos y españoles hemos vivido los estereotipos de la Europa del Norte, los estereotipos guerracivilistas, heroicos y violentos que asignan a los españoles y a los latinoamericanos el papel de luchadores hasta la muerte por la libertad. Edwards se imagina, con mucha gracia, la definición que hubiera podido dar Flaubert de América latina en su *Diccionario de ideas recibidas*: "Región extremadamente calurosa, malsana, poblada por narcotraficantes, guerrilleros maoístas y deudores que nunca pagan sus deudas". Yo creo que esa imaginaria división del trabajo que asigna, o reservaría a los españoles y a los latinoamericanos el papel de idealistas dispuestos a derramar siempre la sangre, en tanto que los europeos les correspondería la función de llorar por sus muertos y encomiar su valor, creo que es uno de los estereotipos que tenemos que rechazar con más fuerza. Tenemos que hacer nuestra reivindicación de nuestro derecho al compromiso, a la reconciliación y al arbitraje. Edwards replica a un comentario publicado en un diario francés sobre la transición chilena con unas palabras que a mí me parecen admirables. Dice Edwards: "Se dirá que las ideas de evolución política desde la dualidad y el equilibrio pertenecen a la órbita europea, mientras que nosotros estaríamos condenados, por nuestra historia y nuestra naturaleza, a ser sólo una tierra de terremotos y de rupturas dramáticas, buena para producir textos de realismo mágico, pero mala para conseguir resultados en la realidad cotidiana". Esto significaría que los latinoamericanos y los españoles estaríamos condenados a comportarnos siempre heroicamente para dar razón y alimento a las ideas preconcebidas de Occidente. Lo que significa, y cito nuevamente a Jorge, es que "hay una mentalidad obstinada, omnipresente, que nos niega toda posibilidad de alcanzar soluciones políticas razonables, esto es, una forma sutil de paternalismo o de desdén que merece ser calificada, aunque la palabra sea dura, de racismo". Durante la transición del franquismo a la democracia nosotros acuñamos un término, el "síndrome del hispanista", con el que calificábamos a los decepcionados visitantes de la izquierda europea que de vez en cuando nos visitaban y mostraban su desilusión ante las formas civilizadas y negociadoras de la transición. Echaban de menos los buenos viejos tiempos. No sé qué poeta podría ser el candidato a ser fusilado ahora, como lo fuera García Lorca en su momento, pero seguramente ellos tendrían alguno en la mente. Y los latinoamericanos creo que también, como hicimos nosotros, tienen que alzarse frente a ese síndrome del hispanista y decir que no, que ellos tienen el derecho a ser tan mediocres y tan negociadores y tan civilizados como cualquier otro.

Termino con la cuestión del compromiso con Cuba. A mí hay una anécdota que me ocurrió en un seminario, en una mesa redonda en la que estábamos gentes de todos los colores del espectro: estábamos Jorge Semprún, Antonio Elorza, Carlos Robles Piquer y yo; había mucha gente. Tuvimos una discusión muy animada, en la en algún momento se planteó ese problema arqueológico de dónde está la cesura, cuándo había que haber roto, a partir de qué momento se puede considerar que hubo colaboracionismo con la dictadura castrista por parte de algunos escritores e intelectuales que siguieron apoyándola, etcétera. Aquello se prolongó interminablemente, hasta que de pronto se levantó una señora entre el público y, de forma muy emotiva, desde el fondo de la sala me dijo: "Bueno, todo eso que ha dicho usted está muy bien; lo de la reconciliación, lo de Semprún, que estuvo en un campo de concentración nazi, lo de los comunistas que pasaron veinte años en la cárcel y todo eso. Pero a mí, ¿quién me devuelve lo mío?" "¿Y qué es lo suyo, señora?", le pregunté yo. "Lo mío es que fui despedida de la embajada de la Habana el día 2 de enero de 1959, y yo no tenía nada que ver con nada ni con nadie". "Entonces" yo le dije, "señora, ¿qué quiere usted que le diga, si tiene usted razón?" Aquella señora, que era una funcionaria de la embajada de Cuba en Madrid, fue despedida cuando llegaron los revolucionarios al poder, sólo porque era una funcionaria del batistato. De forma que, desde el 2 de enero de 1959 hasta el 27 de octubre de 1997, yo creo que lo mejor es establecer espacios amplios, no convertirse en fiscales de nadie y tener, para la gente que ha abandonado tarde, o aún no lo ha hecho, el compromiso con Cuba, la misma comprensión que tuvo esa señora conmigo cuando se encaró a mí en aquella mesa redonda que les digo. Nada más, muchas gracias.

Nora Catelli

Muchas gracias, Javier Pradera. Tiene la palabra Fanny Rubio.

Fanny Rubio

Yo voy a reincidir en la idea de concebir las dos obras, *Adiós, poeta* y *Persona non grata*, como casi novelas introducidas en la Historia, a través de las cuales el narrador, que es personaje, que es la primera persona de esos dos relatos, entra en el torbellino de la historia que narra. Tanto uno como el otro van a ser libros planteados por el escritor como un proceso de aprendizaje, y ese es uno de los rasgos que más me llama la atención. "Aprendí en carne propia", dice el escritor, "que la literatura, el periodismo literario, la edición, la cátedra, los cafés de la ribera izquierda del Sena y las capitales de América latina son verdaderos nidos de censores, de soplones vocacionales, hombres de cabezas cuadradas que sólo saben intercambiar esquemas". Este es el primer rasgo que me ofrece Edwards para observar que en este relato no nos vamos a encontrar con todas las justificaciones por parte de los mirados, los juzgados, los pasados por el proceso, que serán los que definan la novela *Persona non grata* como inoportuna. Pero yo pregunto, ¿qué buen libro no es inoportuno? Automáticamente, ese personaje va a ser tildado de intelectual burgués, amigo de escritores disidentes. Segunda pregunta que le hago a Edwards: ¿qué escritor no es amigo de disientes, y disidente él mismo? Un escritor chileno, y primer representante diplomático, pero un escritor sometido a investigación, a quien nadie recibe, porque es una *Persona non grata*, porque está mirando, porque está juzgando, porque está criticando, porque tiene amigos disidentes, porque él mismo es un disidente que habla con sus amigos, también considerados personas non gratas, que se aísla en el Habana Rivera. Pero con sus amigos disidentes entra el humor, entra el whisky, entra la gracia cubana, entra el espíritu poético, incluso entra el diablo, el diabólico Heberto maravilloso del libro, que es un personaje de ficción, y un personaje real, y un personaje real de ficción increíblemente gracioso. Un escritor, entonces, con el dedo en el ventilador. Pero, ¿qué escritor que se precie no pone el dedo en el ventilador? Un escritor de verdad no guarda silencio y observa los significados de las señales que se producen a su alrededor.

Por tanto, estos libros aluden —más *Persona non grata* que *Adiós, poeta*— a dos adicciones, a dos procesos de sobrealimentación literaria e ideológica: el nerudianismo y el castrismo, de los que en ambos libros se ofrece alguna herida, algún efecto y alguna cicatriz. En común tienen la observaciones del narrador acerca de su choque como encargado de negocios en La Habana, que en algunos capítulos de *Adiós, poeta*, como el titulado "Neruda y los cubanos", se vuelve a tocar ese tema, esa realidad histórica, la realidad vista por el escritor. Algunos escritores, dice, "tenían allí la sensación de ser prisioneros en su propio país". En cambio, el poder dice que "son demasiado nerviosos", que tienen delirio de persecución, porque nadie sueña con hacerles nada. Quizá la primera impresión que se extrae de estas páginas es la de que el escritor quiere tener experiencia directa de los hechos, de ciertos hechos fundamentales que él considera que mueven el mundo y que no se obtienen en los cenáculos literarios. De ahí su intención, su valor, su necesidad de estar dentro de la vorágine. El oficio, por tanto, se plantea como un ejercicio de sinceridad. "Cuando el escritor es auténtico y trabaja con cierta profundidad, de alguna manera se refleja en su obra la Historia", dice Edwards. La novela para Edwards, entonces —y es novela *Persona non grata*—, sigue siendo, a pesar de toda la experiencia que se ha hecho de todos los cambios y en la forma, un género fundamentalmente social. Es Edwards, entonces, narrador de la política, narrador de la Historia, sin reparos y sin disfraces. Él va articular la realidad histórica, la realidad imaginaria, porque el ama ser narrador de la decadencia: de la decadencia de la burguesía, de la decadencia de un tipo de marxismo en un Estado caribeño, heredero a veces de fórmulas autoritarias y policiales, como refleja en la novela. Y todo ello recogiendo, reflejando una atmósfera tragicómica en dos puntos distintos, aparentemente imperturbables, Neruda y el Estado presidido por Fidel Castro, ambos vistos con el estilete de la insatisfacción y de la inadaptación al orden establecido, sin que ni una o la otra conviertan al escritor en un ser perverso o en un falso místico reaccionario, como dijo Neruda de Faulkner, en cuanto a la insatisfacción, y de Eliot, en cuanto a la inadaptación.

Por tanto, nos encontramos ante experiencias literarias poco comunes. La mirada de Edwards lo convierte en experto de la vida privada de Pablo Neruda, y también en experto de la vida cotidiana de la capital de la Revolución. Recoge, por ejemplo, con respeto, la opción comunista de Pablo Neruda, que, dice Edwards, "hizo esa elección apasionada y arriesgada en medio de una crisis mundial terrible, y cuyas terribles consecuencias nadie podía prever". Y también recoge el interés de Neruda por defender la unión de comunistas y socialistas en Francia, y habla de sus trampillas y de sus olvidos ocasionales, como cuando el narrador y el poeta están cenando en París en el restaurante *Luis XIV*, en la Plaza de las Victorias, y al pedir las firmas de notables para confirmar una cena con Malraux, en 1939, se encuentran con que en la página están Malraux Neruda y el pintor mexicano Siqueiros, que intentó matar a Trotsky y fue encarcelado por ello, y entonces el narrador no tiene más remedio que disimular para que sus acompañantes no se enteren.

En este libro se recogen ciertas paranoias de escritor, justificadas, por supuesto, como la de esconder el cuaderno en un estante de ropa detrás de una maleta vacía, para al día siguiente encontrarlo en el mismo lugar y quedarse tranquilo, y también se recoge una razón, una propuesta contra el sectarismo en forma de memoria, en forma de novela, una propuesta contra el sectarismo a costa de todo, incluso del autor mismo, convertido en coprotagonista muchas veces y en abajo firmante de lo que le rodea. En estos libros tenemos a un Edwards entre novelista y ensayista político. Sería muy difícil delimitar ambos géneros, que se entremezclan y se funden, y tenemos también a un escritor desafiante, como cuando recoge las declaraciones del Che Guevara diciendo que era mejor una dictadura militar que una democracia débil y corrupta, porque de esa manera la población sería más favorable a su causa y la guerrilla crecería de manera irresistible y su victoria, la victoria revolucionaria, se produciría antes. Y, sobre todo, un definidor inteligente de la irritación del poder y de la desconfianza que ese poder tiene hacia los escritores, como si ese precario poder que les concede el uso y el arte de la palabra amagara de algún modo al otro poder, al absoluto. También su forcejeo con la resignación de Neruda, quien en un viaje anterior le aseguraba que era demasiado tarde para ir a Cuba, con esa sensación, dice Edwards, "que yo, como un castigo a mi atolondramiento, a mi falta de reflexión, conocería muy bien: la de captar que es imposible explicarle las cosas a una persona que no ha hecho la experiencia de los conflictos políticos reales por su propia cuenta".

Adiós, poeta y *Persona non grata* son meditaciones, son una meditación acerca del orden, incluyendo el llamado orden policial del Partido único. Un orden que el sujeto halla y que, en combinación con él, sin pretenderlo, lo perturba; un orden que vuelve a recuperarse después de la existencia del escritor, pero de cuyo proceso nos queda la novela, el relato, la memoria. Ese orden no es el de la burguesía de otras novelas de Edwards, sino un orden que llegaba a su fin: la etapa de amistad de la Revolución cubana con los intelectuales de izquierda de Europa y de América latina, de manera, dice la cubanita, "que ya tú sabes que no eres persona grata aquí".

Más agradecidos son los personajes masculinos de *Persona non grata*, porque hay ahí muchas tigresas a sueldo de la Seguridad del Estado, ciertas relaciones públicas de la

"Cosa". Hay, es cierto, personajes femeninos enigmáticos, y otros que tienen cierto peso, como las mujeres de Neruda, esa Matilde Urrutia llamada a gritos por un Neruda con cara de angustia para que ella le ate los cordones de los zapatos, o cuando la diputada Laura Allende llega a La Habana buscando marfiles y el escritor se decepciona de alguna manera. Pero he echado de menos a alguna señora con talante intelectual en el libro. Pero, en fin, creo que Edwards critica el maniqueísmo de la izquierda que él conoce, de esa izquierda que no ha llevado hasta sus últimas consecuencias la reflexión sobre las posibilidades del socialismo, sobre el estalinismo y sobre otras manifestaciones. Como ya se ha citado el caso del barco "Esmeralda", pues no reincido en esos marinos chilenos. Pero sí en la pregunta de por qué el socialismo no ha aprendido a convivir con los escritores, cosa importantes para el socialismo, pero también para los escritores.

Edwards ha conseguido que el sujeto narrador y el sujeto lector confluyan en la lectura de *Persona non grata*, y ha conseguido una meditación nuestra, de sus lectores, que produce ciertas necesidades y nos advierte de muchos problemas futuros. Edwards no es un desollador del régimen de Castro, no es corrosivo, pese a todo, o admite la corrosión en la que él mismo entra cuando recuerda su genealogía como uno de los primeros inconvenientes para que su estancia en la isla sea idílica. Interesantísima es la anotación en *Adiós, poeta* a la agitada conversación que mantiene Edwards con el Comandante en Jefe, acusado Edwards de devaneos hostiles a la Revolución y amenazado por transmitir ese pensamiento hostil al presidente Allende y a Neruda, cuando la tranquilidad de Edwards pone, de alguna manera, nervioso a su interlocutor. Las últimas páginas de *Persona non grata*, fechadas el 13 de septiembre de 1973, estremecedoras al hablar de los militares golpistas chilenos y de sus estragos, hablan también de los presentimientos de Neruda. "Los hechos obligan a repensarlo todo", escribe Edwards; "el mundo, frente a lo que decía Robespierre, no se divide en buenos y malos ciudadanos. Debemos resistir la tentación del maniqueísmo. Si el Chile de Allende se hubiera jugado limpiamente la carta de la legalidad sin doble juego, y la economía se hubiera manejado con lucidez, sin que el espíritu destructivo prevaleciera, tal vez la experiencia hubiera salido adelante".

Pero yo quiero terminar no aludiendo a estas últimas páginas de *Persona non grata*, sino aludiendo a una cita de Pasternak que encabeza la parte segunda de *Adiós, poeta*: "Nosotros, que fuimos hombres, hoy somos épocas". Es posible que las relaciones con los sistemas hoy sean ya otras, pero a Edwards le cabe haber pertenecido a una generación de escritores indomables en una época de utopías, que fueron testigos de los años en que los poderes, otros poderes muy superiores a los editoriales, pretendieron instrumentalizarlos, y ellos siguieron escribiendo lo que honradamente querían escribir, lo que sentían y lo que contemplaban, hasta que esos poderes entendieron que no estaban a su servicio. Y hoy, una época de degradación en la que el escritor tiene menos tribunas que las que ellos contribuyeron a crear cuando no pasaban de esa edad, continúan escribiendo para esto: para que no haya olvido. "Sólo es cuestión de tiempo", dice Edwards. Lo dice un escritor. Extraña especie, incomprendida e ignorada por los sistemas, academias, partidos, fundaciones e instituciones, cualquiera que sea su nombre o su propósito declarado. Todo para escribir: la vida en Edwards no se concibe si no cuaja en letra, aunque de vez en cuando se moje la letra con un whisky. Faltaría más. Pero es que "La política es una realidad demasiado seria como para entregársela a los políticos", escribe Edwards, "que cuando uno de nosotros los juzga no tienen nada que decir, excepto ¡otro escritor!, y se agarran la cabeza". Por eso está aquí Edwards, y por eso *Persona non grata* y *Adiós, poeta* despiertan muchos sentimientos en mi generación. Para que no haya olvido. Todo es cuestión de tiempo.

Muchas gracias.

Nora Catelli

Gracias, Fanny Rubio. A continuación dirá unas palabras Jorge Edwards.

Jorge Edwards

Gracias. Estos homenajes, esto de la Semana de Autor es un invento muy generoso y muy simpático, pero también un poco extraño, porque uno oye cosas generalmente elogiosas y pone la cara, y a veces no sabe qué cara poner. Después tiene que hablar uno y, claro, uno no puede autoelogiarse y a lo mejor lo que tiene que hacer es de abogado del diablo. Yo voy a proponer que en las próximas Semanas de Autor haya un abogado del diablo en la mesa, alguien que hable en contra del homenajeado. Pero sí quisiera decir un par de cosas, bastante breves.

Primero, ¿por qué escribí *Persona non grata*? Muchos escritores iban a Cuba en los sesenta y a comienzos de los años 70, y casi todos tuvieron la misma experiencia que tuve yo, porque cuando yo publiqué el libro mucha gente se me acercaba para decirme: mira, estoy de acuerdo contigo, lo que pasa es que me parece inoportuno decir estas cosas ahora. Pero lo que tú has contado me pasó a mí, y lo que tú has contado es lo que ocurre realmente allá. Entonces, ¿por qué escribí yo el libro, y no lo escribió otro, si era una experiencia bastante común ésta de sufrir el tema de la delación, o convertirse en un sujeto sospechoso? Yo creo que Javier Pradera lo dijo con exactitud: ese libro describe el encuentro de dos mundos diferentes, el del mundo político y cultural chileno con el mundo cubano. Pero yo agregaría otra cosa. Yo había sido un lector muy aficionado a la literatura de la subjetividad, al memorialismo, a eso que en la literatura francesa se ha llamado la memoria del yo. En Chile había muchos escritores de esta especie. Por ejemplo, hay un gran memorialista de esta especie en el siglo XIX, Vicente Pérez Rosales, que yo creo que escribió el mejor libro chileno de todo el siglo XIX, *Recuerdos del pasado*. Después hay algunos memorialistas del siglo XX que son muy buenos escritores de memorias, como por ejemplo José Santos González Vera, con un libro de memorias que se llama *Cuando era muchacho*. Yo había sido lector de Stendhal, y sobre todo de los escritos íntimos de Stendhal, y había sido un apasionado lector del Rousseau memorialista, y había sido lector de diarios, etcétera. Eso hizo que, cuando me vi enfrentado a esa experiencia muy crítica que viví en La Habana, tuviera inmediatamente la tentación de escribirlo a la manera de esos escritores que a mí tanto me seducían. Cuando conocí a Vargas Llosa, por ejemplo, Vargas Llosa detestaba ese tipo de literatura, y detestaba todo lo que fuera subjetividad en la literatura. A mí me pasaba exactamente lo contrario: me fascinaba y me atraía la extrema subjetividad en lo literario. Por eso me gustaba mucho Proust, que a Vargas Llosa no le interesaba nada, hasta el punto de que yo le regalé un libro de Proust y él se metió en toda clase de conflictos para rehuir la lectura de ese libro. Pero esto sería algo delicado de contar.

Por una parte, entonces, yo había hecho esas lecturas, y tenía la tentación de escribir un libro a la manera de las confesiones de Rousseau, o de las memorias de Pérez Rosales, o los recuerdos y diarios de Stendhal. Pero enseguida ocurría otra cosa: cuando fui a Cuba, llegaba de un país que comenzaba a tener una experiencia socialista avanzada, una experiencia socialista de corte marxista-leninista claro, y entonces llegar a Cuba para un chileno significaba ver una de las alternativas posibles de la experiencia que se estaba haciendo en Chile, y era, en cierto modo, como mirar el futuro chileno. Una de mis primeras reacciones, naturalmente, fue el pensar que yo no quería, por ningún motivo, que el futuro de Chile fuera ese. En primer lugar, porque no soy masoquista, y porque si el futuro chileno era ese, un escritor no tenía nada que hacer allí: yo tendría que irme de Chile. Mi primera reacción fue la siguiente: yo no soy masoquista, yo creo que debo aspirar a que se construya una sociedad habitable y respirable para todo ser humano, y eso me incluye a mí. Dentro de mi experiencia, de mis preferencias y de mis alternativas, yo quiero ser un escritor y quiero escribir y pensar con libertad, quiero leer lo que me dé la gana. Y de pronto me encuentro con un país en el que hay un sistema educativo interesante, eso no se puede negar, pero donde el resultado de esa educación es que la gente no puede leer lo que quiere, por ejemplo, ni puede opinar libremente. De modo que se forma a la gente dentro de una visión muy limitada del mundo. Así que yo escribí ese libro porque tenía una cierta vocación literaria orientada hacia ese tipo de literatura, y porque era chileno en un momento muy crítico: yo quería hacer una especie de advertencia a mis compatriotas sobre lo que podía pasar de seguir ese modelo de socialismo en Chile. Lo que ocurre es que el libro no alcanzó a salir antes del golpe de Estado. Pero mi intención era que el libro se publicara bajo el gobierno de Allende y se pudiera discutir en Chile sobre ese tema de las alternativas del socialismo chileno. El libro, como dijeron Juancho Armas Marcelo y Fanny Rubio, me creó una situación muy extraña en el mundo literario de los años que siguieron. Yo sólo les voy a contar una anécdota que es bastante cómica, en cierto modo, pero muy ilustrativa de la atmósfera en la que me vi metido a raíz de la publicación de ese libro.

Persona non grata lo publicó la editorial Bompiani, de Milán, en su traducción italiana, y me invitó a presentar el libro en octubre de 1974. Cuando llegué a Milán, el editor, Filipini —no sé si alguno de ustedes conoció a Enrico Filipini, que era amigo de Carlos Barral y de todo ese grupo de Barcelona—, estaba entusiasmado porque había conseguido que el Partido Comunista en Milán me hiciera su orador en un acto sobre Neruda, acto que iba a tener lugar en un teatro municipal de Milán. Naturalmente, el Partido Comunista no tenía ni idea de el tema del libro, y había pedido un orador a Bompiani para hablar de Neruda, y la editorial les había dicho que venía un escritor chileno que, además, era amigo de Neruda. Bueno; yo estaba citado a las seis y media de la tarde en el teatro, que no estaba en el mismo Milán, sino en una ciudad cercana, no recuerdo exactamente el nombre, creo que era en Pavía. Pues bien, entre el mediodía y las seis de la tarde, el Partido Comunista de esa región supo quién era yo y en qué consistía este libro, y entonces se recibió la siguiente comunicación en la editorial Bompiani: que no se habían dado cuenta —los militantes del Partido Comunista— de que era el día de San Francisco de Asís, y que, según una vieja costumbre, no se podía hacer actos públicos en el día de San Francisco de Asís. Entonces, en vez de llevarme al teatro, me llevaron a una escuela, y, dentro de la escuela, a una sala muy pequeña, donde cabían unas veinte personas, y en esa sala, sentadas en primera fila y con los brazos cruzados, había unas robustas matronas del Partido Comunista de Milán que me miraban impávidas. Yo traté de hacer algún chiste, pero ni se sonrieron. Ahí terminó mi experiencia con una cosa que en ese tiempo se llamaba "el compromiso histórico". Creo que, efectivamente, fue un episodio de compromiso histórico: el del compromiso histórico del Partido Comunista con la orden de San Francisco.

Me pasaron muchas cosas de esas, y yo siempre he pensado que todas esas cosas fueron buenas para mí. Yo quedé exiliado del pinochetismo, pero también quedé exiliado de las organizaciones y de las instituciones políticas, y de los exilios oficiales, y de todo eso, y a cambio hubo personas que se me acercaron y se convirtieron en amigos de toda la vida. Por ejemplo, Octavio Paz, a quien yo no conocía, me buscó cuando llegó a Barcelona, y otros muchos más. Así que fue una experiencia buena, una experiencia de soledad relativa, de soledad en buena compañía. Y también de soledad creativa, porque a partir de ese momento yo no tenía otra cosa que hacer que escribir, y he escrito novelas, biografías, cuentos, memorias, crónicas, con lo que he sido un escritor casi prolífico.

Voy a añadir dos palabras sobre *Adiós, poeta*. *Adiós, poeta*, un libro de memorias, un libro de memorias literarias en el que Neruda es el personaje principal, pero no el único personaje. El punto de vista narrativo es importante, como lo es en *Persona non grata*, y creo que lo que tienen de literario estos dos libros es, precisamente, la invención de una voz narrativa. Pienso que sólo fui capaz de escribir estos libros en el momento en que tuve una voz narrativa sólida que hizo que el relato se desarrollara de una manera fluida, casi natural. Pero, ¿por qué escribí *Adiós, poeta*? La razón es parecida, en el fondo. Hay una especie de visión nítida, pero simple, heroica, de Pablo Neruda. Neruda es una estatua en la vida chilena, un poeta oficial, incluso hasta con Pinochet. Conocí a un Neruda de carne y hueso, y quise contar al Neruda real, porque me parece que el Neruda real está más cerca de la poesía que el Neruda oficial. Por ejemplo, esa película de *El cartero y Pablo Neruda*, que ustedes tal vez conocen, es una película en la que el que interviene es el Neruda oficial. Hasta el punto de que es una película que habla de un poeta, que es Neruda, pero donde el verdadero poeta es el cartero. Ese Neruda hace todas las cosas que Neruda no hacía. Ese tipo de revisión de un mito, de revisión de un lugar común, es algo que a mí siempre me ha atraído y me ha fascinado y me ha provocado a escribir. Cuando comencé a escribir quizá me metí con alguno de los mitos de la burguesía chilena por ese espíritu de revisión crítica e irónica de las cosas.

Conocí a Neruda de la siguiente manera: yo había sido un lector adolescente de su poesía. En el colegio de San Ignacio de Santiago, donde Neruda era una palabra totalmente prohibida, me había encontrado por casualidad con los *Veinte poemas de amor* llevados de una forma casi clandestina, y cuando yo publiqué mi primer libro de cuentos, con veinte años, busqué en la guía de teléfonos la dirección de Neruda y le envié el libro por correo. Se lo envié a otros escritores también, a Borges, entre otros, a pesar de que éste estaba en las antípodas de Neruda. Pero a mí no me importaba, porque yo leía a los dos y los dos me gustaban. Y no pasó nada. Hasta que un día, un periodista de malas costumbres, que se dedicaba al periodismo amarillo pero que en realidad a lo que se dedicaba era al chantaje, me dijo que Neruda me quería conocer. Me fui a ver a Neruda, con mis veinte años, y aquello fue algo que inició una larga experiencia: comencé como una especie de discípulo atemorizado frente al maestro, para pasar a una relación más igualitaria —lo vi mucho en la década de los sesenta, primero en Chile y luego en París, donde yo fui diplomático— hasta que, al final, de alguna manera los papeles se invirtieron. Neruda estaba muy enfermo, y yo, que estaba de segundo con él en la embajada en París, tenía que hacer casi como de papá de él, pues tenía que ayudarlo y orientarlo en algunas situaciones. En esa experiencia, yo vi a un Neruda muy distinto al Neruda oficial. Él seguía manteniendo su militancia comunista, era un disciplinado militante, pero sus opiniones privadas eran completamente diferentes de eso, y en ocasiones muy lúcidas. Por ejemplo, cuando Allende ganó las elecciones en Chile y cuando comenzó el proceso de la Unidad Popular, fui a visitar a Neruda y le pregunté qué opinaba de la situación, y él me contestó que lo veía todo muy negro. Su opinión de la Unidad Popular era muy escéptica. Algunas veces, cuando estábamos en París, me decía: "Mira, se van a reunir algunas personas frente a la Casa de la Moneda, y van a cantar y a desfilar y Allende va a hacer un discurso y se van a ir todos felices a sus casas y no se va a haber resuelto nada". Neruda tenía ese tipo de visión de las cosas, y yo pensé que era bueno, incluso para la madurez de la vida chilena, que se supiera del Neruda real. Yo estaba un día en la embajada y Neruda me llamó —él siempre quería, curiosamente, que yo fuera testigo de todas las conversaciones importantes que tenía, a lo mejor pensando que las iba a escribir, no sé— porque estaba conversando con el ministro de educación de Hungría, de la Hungría comunista, naturalmente, que era amigo suyo. Neruda dijo que él había tenido muchas ilusiones con la experiencia de Jruschov, porque pensaba que aquello iba a significar una apertura y una liberalización en la Unión Soviética, y que, sin embargo, estaba totalmente decepcionado con Brézhnev, al que encontraba duro, burocrático, antiintelectual. Acababa Neruda de tener noticias del funeral de Jruschov, casi clandestino, y eso le había molestado mucho, hasta el punto de que estaba indignado. Según iba escuchando todo esto, el ministro húngaro se iba poniendo cada vez más inquieto, hasta que, de pronto, se puso de pie y dijo: "A pesar de todo, el socialismo va a triunfar". Y Neruda se puso en pie también, y dijo: "Mira, tengo serias dudas". De modo que Neruda tenía una visión muy lúcida de las cosas, de una lucidez casi instructiva, en el fondo, para que en un país como Chile se tenga una visión real y madura de nuestros personajes. Alguien dijo hace poco que *Adiós, poeta* es un libro bizantino —uno de esos militantes rezagados que aún quedan en Chile—, porque muestro en él a un Neruda comunista y no comunista. No es que yo muestre a un Neruda comunista y no comunista, es que muestro al Neruda militante, pero con su pensamiento íntimo, que iba absolutamente por otro lado y que, de repente, me hace pensar que era una especie de cardenal ateo de la religión comunista.

Nora Catelli

Si alguien del público quiere preguntar algo...

Una espectadora entre el público

Buenas noches. Soy Yolanda Pina, la viuda del poeta Blas de Otero, y todo lo que ustedes han comentado unas veces me ha dado risa, y otras veces me ha dado tristeza, porque, claro, es como si uno viese la misma película con un personaje parecido. Eso que usted me está contando de su amigo Neruda, al que yo tuve el gusto de conocer y de hablar con él en un hotel, en Moscú, naturalmente, que era un hotel para los VIPs internacionales del comunismo, me da risa porque a usted Neruda le dijo lo que usted ha comentado. Pues bien, Neruda le dijo a Blas, en el año 65, que los cubanos eran poco serios. Neruda nos invitó, a Blas y a mí, a su casa de Chile, y nos dijo que nos invitaba para que conociéramos un país democrático. Esto fue también en 1965. Blas era un hombre miedoso, que a veces era valiente pero que otras tenía un miedo que se moría, y eso de los micrófonos y de las conversaciones telefónicas es algo que yo no he podido quitarme de la cabeza. Nosotros cometimos el error de volver a Cuba, a pesar de las advertencias de amigos cubanos, como Padilla, que en Praga me dijo: "Estás a tres horas de la libertad, no regreses a Cuba". La historia ya se conoce más o menos, y se conocerá mejor más adelante, cuando yo tenga tiempo de escribir. Blas y yo, en Cuba, cuando queríamos hablar sin problemas, íbamos a la cocina y abríamos el grifo. Yo podría contarles muchas cosas, como cuando Blas desapareció en Moscú. Un día él salió solo y, por la noche no regresó. En teoría estábamos en un hotel de confianza, aunque ya nos habían advertido de que el reloj que estaba en la mesilla, entre las dos camitas nuestras, tenía por detrás una grabadora. De modo que figúrense ustedes...

Nora Catelli

Muchas gracias por su intervención. ¿Hay alguien más entre el público que quisiera intervenir, o alguien de la mesa?

Un espectador entre el público

En primer lugar, como lector, quisiera agradecerle al señor Edwards por su obra, aunque no la conozco toda, y en segundo lugar, como cubano, quiero agradecerle su valentía y su sinceridad, y por el suicidio, como ha dicho Armas Marcelo, de *Persona non grata*. Ahora bien, yo le preguntaría, dada su condición de persona digna, ¿cómo ve que el capitán Jesús Díaz, página 295, dirija ahora la mejor revista literaria del exilio cubano, en contraposición a otros personajes que han vivido a costa de la Revolución y que han vivido muy por encima de la media cubana, como Zoe Valdés, por ejemplo? ¿Cómo ve usted eso? Porque por aquí se ha dicho no al olvido, y por allí se ha pedido comprensión para los que han reaccionado tarde. Entonces, ¿dónde nos quedamos los cubanos? ¿Y dónde nos quedamos todos, en definitiva? ¿Perdonamos a todos esos señores? ¿Perdonamos a la dictadura de Pinochet?

¿Perdonamos a los militares nazis de la Segunda Guerra Mundial?

Nora Catelli

Bueno, puede empezar a contestar cualquiera de la mesa, porque creo que están todos aludidos.

Jorge Edwards

No creo que se pueda perdonar todo, ni en el caso chileno, ni en el caso nazi. Siempre he pensado que todo lo que se pueda hacer para esclarecer las cosas y para juzgarlas es importante. Ahora, también hay que aceptar que la gente cambie, porque si no se acepta el cambio de las personas se produce una situación completamente rígida en la que no puede haber evolución política, sino sólo guerras. Estoy de acuerdo en que hay cambios oportunistas, pero hay que aceptar la reflexión y la evolución de la gente, porque nosotros mismos hemos cambiado. Yo, a los veinticinco años, a lo mejor era un estalinista en ciernes, un hombre que tendía al dogmatismo y al fanatismo, y después cambié. He visto cambiar a otra gente: he visto a gente que, cuando yo publiqué ese libro sobre Cuba, lo rechazó de una manera radical, tajante, y después, sin embargo, lo releyó, y yo creo que la relectura y la revisión de las cosas es lo importante. Creo que es una gran condición humana la de ser capaces de releer, de revisar y de cambiar.

J.J. Armas Marcelo

Déjeme hacerle sólo un apunte. Yo querría estar, y estoy absolutamente —bueno, absolutamente, no, porque tampoco voy a estar absolutamente con nadie—, estoy, mejor dicho, como antes ha apuntado Javier Pradera, por la creación de espacios muy amplios. Espacios amplios que a mucha gente siguen sin interesar, pero yo no esto hablando de esos espacios que no le interesan a según qué personas, sino de los espacios que hay que ir ganando para que le vaya interesando cada vez a más gente, en el caso de Cuba y en el de otros países, pero, fundamentalmente, en el caso de Cuba, con lo que va a venir. Creo que la solución generosa es la mejor, también para Cuba, y es muy probable que yo no quiera equivocarme y que no me equivoque al final: es muy probable que muchos de los que ahora están dentro y que han sido satanizados por el exilio, porque no han salido, y muchos de los que están fuera que han sido martirizados por exiliarse —estoy hablando de eso a lo que injustamente se le llama "la gusanería"—, tengan un espacio para todos, que son, unos y otros, el inmediato futuro, si Dios quiere. Creo que esa es la solución de Cuba: cuanta menos sangre, mejor; cuantos más espacios abiertos, mejor.

Nora Catelli

Ahora responderá Javier Pradera, y luego tiene la palabra una señora de allí.

Javier Pradera

Lo único que puedo decir es que si en España se hubiese aplicado ese criterio de no perdonar a nadie, no habría habido transición a la democracia. Adolfo Suárez había sido secretario general de Falange en 1975. Martín Villa era jefe del SEU en momentos en los que yo, por ejemplo, estuve en la cárcel un año. Simón Sánchez Montero, un dirigente del Partido Comunista, pasó en la cárcel casi veinticinco años. Recuerdo que pregunté una vez a Santiago Carrillo si él no había tenido problemas, después de cuarenta años de exilio. Y él me contestó que sólo una vez: cuando le presentaron en una fiesta al conde de Mayalde y él le tuvo que dar la mano. El conde de Mayalde había sido director general de Seguridad, en Madrid, en el año 1939 y 1940; luego había sido embajador de Franco en Berlín, y luego, alcalde. Por otra parte, era un tipo bastante imbécil, que no tenía siquiera el morbo de la maldad. Les puedo decir que, a la larga, los países sólo pueden vivir en democracia si establecen criterios muy amplios de olvido. Otras cosas son los casos particulares, porque yo también conservo muchos rencores de la época franquista, pero a título particular.

Una espectadora entre el público

Yo quería decir, en primer lugar, que comparto con Armas Marcelo que es una injusticia que a un escritor se le juzgue desde la perspectiva ideológica con que hace sus lecturas de la realidad social que le rodea. Pero no comparto con Armas Marcelo el pensar que una especie de idiotización por falta de competencia es solamente un fenómeno que le pasa a los españoles por admirar un poco a Castro todavía, porque yo soy latinoamericana y le puedo decir que, en todo caso, somos bastantes los idiotas. Es cierto que el de Castro es un sistema totalitario, pero no creo que se pueda meter en la misma bolsa a la Revolución cubana que a los golpes militares de la ultraderecha, porque mientras que la Revolución cubana erradicó el analfabetismo, aun con el impedimento de la libre búsqueda de mundos diferentes, con el impedimento de la falta de libertad en las lecturas, los golpes militares, además de los estragos que hicieron, no erradicaron el analfabetismo ni el problema de la asistencia sanitaria. Y mi pregunta a Edwards es la siguiente: ¿no cree usted que el golpe de Pinochet en Chile, en todo caso, no fue una alternativa peor que si hubiera derivado el gobierno de Allende en un régimen similar al de Cuba? Y una segunda pregunta: ¿no cree que, a pesar del resultado del fracaso de la Revolución cubana en la actualidad, si no hubiera sido por el bloqueo económico de los Estados Unidos y por el embargo internacional el resultado hubiera sido otro, más eficaz?

Jorge Edwards

Le voy a decir, brevemente, lo que pienso hoy, que no es exactamente lo que pensaba cuando llegué a Cuba. Naturalmente, el golpe de Estado en Chile fue un golpe terrible, que destruyó muchas cosas. No sólo por la represión que ejerció, sino porque destruyó cosas muy profundas de la vida chilena que no se han recuperado completamente todavía. Por ejemplo, hoy no existen los niveles de libertad de expresión que existían en el Chile antiguo, ni los niveles de convivencia en la sociedad chilena de hoy son iguales a los del Chile de los años 60. Lo que yo creo es que en el Chile de los años 60 había un desarrollo democrático interesante, y el extremismo político produjo un retroceso de veinte o treinta años en ese proceso. Y ese retroceso es un retroceso del cual somos responsables nosotros, los chilenos, pero también la Revolución cubana tuvo una responsabilidad seria en ese retroceso de la democracia en Chile. No sé hasta qué punto esto que digo es aplicable a otros países de América latina, pero en el caso de Chile es bastante claro: los errores que cometió la Unidad Popular fueron, sobre todo, errores de extremismo, y fueron errores que Allende no pudo controlar —él era bastante lúcido en cuanto a estos temas—. Ese dogmatismo político, que era chileno, pero que también venía de Cuba, nos hizo un daño grave, porque produjo, como digo, un retroceso político del cual no estamos recuperados todavía.

Un espectador entre el público

Sólo haré una pregunta, que ya casi ha contestado Edwards al hablar del extremismo de la Unidad Popular. ¿Qué diferencias encontró usted entre Fidel Castro y Salvador Allende? Parece ser que Salvador Allende era una persona a la que se le escapó de las manos el proceso, como a Gorbachov en la U.R.S.S., y en cambio Fidel Castro ya sabemos cómo es leyendo *Persona non grata*: un señor que administra Cuba como una finca.

Jorge Edwards

Yo creo que la diferencia fundamental la explicó el propio Salvador Allende en una conversación que tuvo hacia el final de su vida, en sus últimos días de gobierno, con un líder sindical chileno muy conocido, Clotario Blest, no sé si usted ha oído hablar de él, que era una especie de santo del sindicalismo chileno. Él conversó con Salvador Allende pocos días antes del golpe de Estado, por casualidad, y le dijo a Allende: "Mire, yo las cosas las veo muy mal; creo que el país va hacia una situación caótica y hacia un golpe de Estado. Usted tendrá que controlar la situación, porque si no todo está perdido. Hay que actuar con fuerza". Y Salvador Allende le contestó lo siguiente: "Yo aquí no soy presidente ni soy nada, porque si yo ordeno algo, no se hace, y si prohibo que se haga algo, entonces sí se hace". Esta es la diferencia respecto a Fidel Castro.

Fanny Rubio

Yo quería volver la moviola hacia atrás, porque se me aludió con el tema de olvidar o no olvidar. Estoy de acuerdo con toda la mesa en que las soluciones abiertas en abanico en cualquier situación que se produzca son siempre positivas para la reconstrucción de la vida social de un país, pero cuando hablo de que los escritores no deben olvidar que me refiero a esos seres inoportunos que nunca olvidan y que escriben para no olvidar y para que los colectivos no olviden. Pero no con sentimientos de venganza ni de montarse por encima de los enemigos tradicionales, sino por el simple hecho de hacer la digestión, de metabolizar el dolor, de metabolizar los exilios, de metabolizar las angustias. Porque una guerra permite que se reparta un país entre los vencedores, pero lo que una guerra ganada no resuelve es cómo se administra la culpa, cómo se administra el insomnio o cómo se administra la melancolía. Por tanto, yo creo que, de vez en cuando, alguien tiene que escribir sobre el dolor y el exilio, para que los colectivos que van reconstruyendo sus países sepan que los duelos existen, y que hay que administrarlos también después de haber administrado la victoria, y que es mucho más difícil administrar lo primero que lo segundo. De ahí la necesidad de que los escritores reconstruyan ese duelo y metabolicen esa situación, aunque los colectivos y las sociedades vayan reconstruyendo aceleradamente los procesos.

Nora Catelli

Muchas gracias. Lamentablemente, tenemos que acabar aquí. Buenas noches a todos.

Tercera sesión

Miércoles, 29 de octubre
Fantasías y fantasmagorías:
la narrativa de los años recientes

Eva Valcárcel

Buenas tardes, señoras y señores. Iniciamos la tercera sesión de esta Semana de Autor dedicada a Jorge Edwards en esta mesa, que llevará por título "Fantasías y fantasmagorías", que pretende ocuparse de la narrativa reciente del escritor. Yo quisiera hacer en este momento una reflexión que tendremos oportunidad de debatir en el tiempo posterior a las intervenciones, y es la siguiente: las dos últimas obras de Jorge Edwards, *Fantasmas de carne y hueso* y *El origen del mundo*, plantean quizá una nueva etapa en la producción del escritor por una razón fundamental, que es la recurrencia y la insistencia en el tema del tiempo.

Jorge Edwards hablaba ayer aquí de su admiración por los escritos íntimos de Stendhal, de Proust o de Vicente Pérez Rosales. Quiero plantear, de este modo, la idea de que existe un nuevo Edwards, el que se inicia en *Fantasmas de carne y hueso* y se reafirma decisivamente en *El origen del mundo*. Esta última producción se caracteriza por el alejamiento del contexto social para detenerse en el yo íntimo. El tiempo, la edad, la memoria y su revisión de la historia personal, éstos son los temas de la nueva etapa de Jorge Edwards. La intimidad del yo predomina ahora, superada la etapa en que el contexto social y político pesaba tanto en la ficción que el personaje individual se desarrollaba como un producto de ese contexto. Ahora juega un papel fundamental el yo íntimo; por encima del destino del mundo, el destino del yo.

Para justificar esta idea basta un ejemplo: la escritura de *El origen del mundo* es literatura del yo, que parte de un detalle pictórico y continúa impregnada de referencias urbanas —París es también un personaje— de carácter literario, no arquitectónico. El mundo exterior funciona como un soporte instrumental de la peripecia del yo. París es el gabinete de Patito, la ciudad que se presenta como una serie de estancias revisitadas.

El tema del arranque, el detalle pictórico que da nombre a la novela, es también de naturaleza íntima, por el motivo representado, el sexo femenino, como por la historia del cuadro de Courbet —del cual toma su título la novela de Edwards—, siempre oculto en las estancias secretas de un Bey o detrás de unos dibujos de André Masson, en el despacho de Lacan, y así durante toda la vida del cuadro, hasta su exposición reciente en el museo de Orsay.

El origen del mundo se presentó como novela de los celos y el adulterio; yo la defino como una reflexión en torno al tiempo, a la edad y a la intimidad. La historia narra la peripecia de un hombre enloquecido por los celos o, más bien, un hombre que en su edad madura se enfrenta a su trayectoria vital y a su revisión, desde la experiencia de los celos, que le hacen tomar consciencia del tiempo. Es sabido que no existe una experiencia que preste mayor madurez al hombre que su descubrimiento del tiempo (es, por lo tanto, una novela de la madurez), pero, para que el tiempo sea percibido por el hombre, se necesitan otras realidades distintas desde las que esa experiencia pueda ser abarcada. Es decir, aunque toda la vida es tiempo, éste no puede verificarse más que en un momento negativo (los celos, la muerte y la impotencia, en este ejemplo).

Lo contrario a la tranquilidad de ánimo es lo que experimentan los personajes masculinos de esta historia, lo contrario a la perseverancia en el estado plácido que recomienda Séneca. La novela, breve y muy intensa, está construida con una prosa fluida impregnada de guiños y de indicios tenues que arrastran al lector por el camino de perdición que emprende Patricio Llanes en busca de la verdad. Una verdad siempre esquiva, imposible de alcanzar por inexistente, una teoría que subyace en los diferentes textos de ficción de Edwards, en los que siempre se marca la presencia de otra verdad que podría ser contada y que falta, haciendo así hincapié en su afán no totalizador.

Podría el personaje Patito ser un estoico como Séneca, filósofo elegido por el autor para encabezar con citas directas o indirectas diez de los once capítulos de la novela. Pero Patito es un hombre cauteloso, orgulloso, menos hábil y con una impureza relativa que le permitirá cambiar de actitud frente al Partido y frente a la amistad, y arrastrarse en el fango, perder el orgullo, por un pequeño incidente que ha podido pasar en algún momento y que además no volverá a pasar, puesto que su amigo ha muerto; este hecho, que desencadena la aventura de Patito por las calles de París, corriendo desde Montparnasse a Montmartre, es el posible adulterio de su esposa y su mejor amigo. Paradójicamente, al final observamos cómo ese hecho justifica la existencia del personaje, le produce excitación, le motiva incluso físicamente, le descubre una nueva forma de relación carnal. Pero Patito no es un estoico, porque le falta la cualidad esencial, la resignación, cualidad de la que carece también Felipe Díaz, el supuesto adúltero, amigo, donjuán y suicida.

Y en este punto cabe una pregunta, ¿podría ser que Patricio y Felipe representen, en realidad, a la misma persona, dos caras del mismo hombre, el lado oscuro, oculto, y el lado amable del propio marido supuestamente ofendido? Silvia, la esposa, lo anota al final cuando dice que le ha robado la fuerza, el ímpetu vital, sexual, a Felipe. Silvia, la esposa que le miente por compasión, para evitarle el dolor innecesario, para protegerlo del bochorno de haber perdido el orgullo, de haberse traicionado a sí mismo por la investigación de un hecho que nunca ocurrió. Silvia le quiere sin pasión, de manera maternal, y descubre que a él le produce placer, le excitan los detalles de una posible traición.

La historia del adulterio y los celos se complica enormemente y la anécdota da paso a una búsqueda, una reflexión sobre la relación entre los sexos, sobre el sexo y sobre el tiempo y el propio tiempo vivido como experiencia personal. Patricio no puede soportar la idea de una esposa fiel simplemente, una situación conyugal poco peligrosa y nada excitante. Aunque no lo sabe, desea fervientemente que haya sido deseada por Felipe, poseída por él, desea el peligro y que su mujer le cuente con todo detalle sus encuentros con el supuesto amante. Toda una revelación...

Una de las citas más interesantes de texto, que revela la naturaleza de la escritura íntima, de la literatura del yo que hemos elegido como propuesta, se encuentra en la página 54: "La filósofa, al elegir este papel —*se refiere al papel de madre redentora, no amante*—, ya no sería lo que él buscaba, lo que se había pasado toda la vida buscando, y encontrando, pensé, tragando saliva, acordándome de la mujer del cuadro, de sus piernas abiertas, de los vellos tirando a colorines de su pubis y del agujero negro de su vagina: un fantasma erótico, un misterio gozoso, un sueño tocado con la punta de los dedos y nunca alcanzado. Sería, por el contrario, una presencia perturbadora, destructora de su ritmo propio: un estorbo cotidiano... De modo que la filósofa, al regresar, se anularía a sí misma, como se anulaba él al quedarse abrazado a la botella, y uno podía colegir, en otro paso de la reflexión, que Felipe, además, que se había propuesto, a fin de cuentas, *ser escritor, había cambiado, en definitiva, la escritura, y no por la mujer o por la botella, sino por el soñar despierto*". (La cursiva es mía)

Vamos a tener ocasión de hablar de todos estos temas con todos ustedes, y para eso tenemos aquí a dos personas. Lamentamos la ausencia de la escritora Ana María Moix a causa de una indisposición de última hora, pero contamos con la presencia de Gustavo Guerrero, abogado por la Universidad Andrés Bello de Venezuela. Ha estudiado Letras en Francia, y se ha doctorado con una tesis sobre la lírica renacentista. Es también poeta y crítico, y entre sus trabajos de investigación destaca la coordinación del volumen *Obras* de Severo Sarduy para la colección Archivos. Como poeta ha publicado *La sombra de otros sueños*, en 1981, y, como ensayista, *La estrategia neobarroca*, estudio sobre el resurgimiento de la poética barroca en la obra narrativa de Severo Sarduy, entre otras. Colabora en diferentes revistas europeas y americanas, es profesor de la Universidad de Amiens y responsable del área hispánica en la editorial Gallimard.

El otro ponente, Federico Schopf, es chileno, poeta y ensayista, profesor de teoría literaria y de literatura hispanoamericana de la Universidad de Santiago y autor de numerosos ensayos críticos sobre Neruda, Huidobro, Parra, Enrique Lihn y Edwards, y entre sus textos destacamos el ensayo *De la vanguardia a la antipoesía*, de 1986, y los libros de poesía *Escenas de Pep Show*, de 1985, y *Desplazamientos*, de 1966.

Tiene la palabra Gustavo Guerrero.

Gustavo Guerrero

Mi texto se titula "Fantasmas de carne y hueso, o Jorge Edwards por Jorge Edwards", y lleva un epígrafe de Stendhal: "Tengo que luchar, constantemente, con ese pudor propio de un caballero al que le horroriza hablar de sí mismo. Este libro, sin embargo, no está hecho de otra cosa".

Todos recordamos aquellos años de furioso estructuralismo, en los que se decretó la muerte inapelable del autor. Los estudios literarios, dominados entonces por el modelo de la lingüística, aspiraban a la condición de una ciencia que se acercaría a cada texto como un ente autónomo y suficiente y lo examinaría con una rigurosa objetividad, es decir, sin tomar en cuenta las circunstancias, las intenciones o los deseos que, de un modo u otro, presidieron su creación. De hecho, el escritor y sus contextos no eran más que variables prescindibles y aun molestas dentro del análisis, y cualquier interpretación que se basara en datos puramente autobiográficos prescindía, para los teóricos, de la más elemental validez. Lo importante era el sistema, la red interna de correlaciones, los juegos inmanentes del verbo y de la forma. Después de haber triunfado en el campo de la poesía, el dogma de la escritura impersonal parecía extenderse irremediablemente por el orbe literario y señalar, en efecto, el ocaso de la figura del autor.

Pero la Historia, como es sabido, da muchas vueltas, y suele desdecirse con tanto descaro que a veces pareciera que se burla de todos y de todo, incluso de sí misma. Así, a comienzos de los ochenta ya se desteje con suave ironía aquel tiempo de reedificaciones lingüísticas en el cual un autor debía desaparecer para que un texto pudiera decir algo. Lo que se esboza entonces es el gran viraje de esta década que, desmintiendo los pronósticos de los teóricos, nos ha traído de vuelta al autor y ha renovado el interés del público y la crítica por los géneros íntimos, biográficos o autobiográficos. Ciertamente, muchos de los escritores de hoy son como esos viejos actores que, en algún poema de Rafael Cadenas, no se resignaron a callarse. Y Jorge Edwards, poco amigo de silencios, que ha cultivado las virtudes de la subjetividad, es, sin lugar a dudas, uno de ellos, porque, al igual que otros contemporáneos —pienso en Arenas, en Bryce Echenique, en Donoso, incluso en el último Severo Sarduy—, se ha sumado, con sus obras más recientes, al difuso movimiento que reanuda y exalta el vínculo entre experiencia y creación. No aludo tan sólo a su libro de memorias *Adiós, poeta*, continuación de *Persona non grata*; me refiero, además, y sobre todo, a los ocho cuentos que componen sus *Fantasmas de carne y hueso*, de 1992. Y es que si algo parece separar estos textos de otras recopilaciones anteriores es, justamente, la presencia de un sutil juego de espejos entre autobiografía y ficción, un juego que empieza con el diseño mismo de la portada y recorre las más diversas estancias dentro del volumen. No quiero sugerir con ello que *Fantasmas de carne y hueso* sea una solapada autobiografía de Edwards, ni mucho menos, pero sí creo que la perspectiva autobiográfica desempeña aquí un papel decisivo en esa dinámica propia del libro de cuentos que, más allá de la diversidad textual, trata de poner de manifiesto la unidad y la coherencia de un universo narrativo. En otras palabras: lo autobiográfico es, en mi sentir, uno de los hilos principales que permite enlazar las perlas sueltas y que hace que el libro sea algo más que una simple acumulación de ocho cuentos.

Este juego con la información autobiográfica comienza, como ya dije, con la portada. El diseño reproduce una ilustración de Gladwell que es toda una puesta en escena del escritor y del oficio de escribir: en una pequeña pieza vemos, a la izquierda, una silla y un viejo escritorio de madera donde reposan bolígrafos, hojas en blanco y la página estrujada de algún borrador; a la derecha, sobre el muro, la luz proyecta la sombra del hombre caviloso frente a una invisible ventana. Esa sombra pensativa, que parece una cita de la silueta de Alfred Hitchcock es, si los ojos no me engañan, la impronta solar de Jorge Edwards, su más fiel y corporal signatura. No sé cómo dieron los editores de Tusquets con una imagen tan parecida, pero lo cierto es que la portada no evoca la temática de alguno de los cuentos, ni plasma un retrato de sus personajes, sino que nos remite expresamente a la figura del autor. Es él quien viene a ocupar este lugar emblemático, donde se cifra una primera interpretación de la obra; es él quien sale a recibirnos a ese pórtico, y también quien va a acompañarnos a todo lo largo de nuestro recorrido.

Pero su presencia no se agota con la sola ilustración: cada cuento está precedido de un breve prefacio o advertencia que funge a la vez de introducción, de instrumento de enlace y de guía de lectura. En un tono sencillo y hasta familiar, Edwards intima con el lector y, como un buen anfitrión que ojeara con sus invitados un álbum de recuerdos, lo lleva de un cuento a otro, subrayando aquí un detalle, revelándole más allá la identidad de un personaje, o contándole las circunstancias en las que se escribió un relato. Un discurso paradójico y no poco irónico atraviesa, sin embargo, estos prólogos: un discurso que describe la ficción a la luz de la experiencia del autor y la enraiza en sus experiencias personales, pero que al mismo tiempo nos recuerda, insistentemente, que toda semejanza de sucesos, lugares y personas con la realidad es mera y pura coincidencia. Resulta en verdad muy difícil resolver la ecuación que Edwards plantea entre las confidencias que se le hacen al lector y la afirmación según la cual los cuentos son una ficción. La dificultad aumenta cuando pasamos del paratexto al texto y descubrimos, entre otras cosas, que todas las narraciones se presentan en primera persona, que ese yo parece continuar a menudo la voz del prologuista, que éste, al igual que el narrador, rememora distintos momentos de su infancia, de su juventud y de su madurez en Chile, en Francia y en España, y, en fin, que el narrador y protagonista de la mayoría de los relatos es un escritor errante, cuidadoso y mordaz, que gusta del buen vino y de una mejor compañía, un escritor que, en la noche de Montparnasse, es diplomático en París y contempla desde su despacho la cúpula de Los Inválidos; un escritor que es el mismo que, en "El amigo Juan", recuerda que su primera obra literaria fue traducir el *Don Juan* de Byron en el Santiago de los años cuarenta.

Cualquier lector de *Adiós, poeta* no puede menos que identificar estas y otras muchas referencias que forman parte del relato biográfico del escritor Jorge Edwards. Que se me conceda que es prácticamente imposible admitir que se trate de meras y puras coincidencias. Ciertamente, no lo son, y si están allí es para asentar la huella del autor en el texto e invitarnos a reconocerlo reconociéndola. Nadie ignora, evidentemente, que toda ficción, en dosis inexactas e imprecisas, es fruto por igual de la imaginación y de la vivencia. Como decía Valéry, y hoy repite Perogrullo, es "un mentir verdadero".

Pero lo peculiar en *Fantasmas de carne y hueso* es que la escritura hace explícito el juego entre ambas instancias, y se mueve libremente de una a la otra con franca indeterminación. Si me apuran, no dudaría en acercar estos cuentos a ese género compuesto y de boga reciente que los franceses llaman "autoficción", para diferenciarlo de la autobiografía. Su divisa es una invitación a leer todo elemento autobiográfico como si hubiera sido enunciado por un personaje de ficción. Pienso, sin embargo, que, en el caso de Edwards, las lúdicas nupcias de la fabulación y la memoria responden a una estrategia muy específica que constituye la culminación de un largo proceso dentro de su escritura. Recordemos que la aventura literaria de nuestro autor no sólo comienza con aquella traducción del *Don Juan* de Byron, no con la aparición de los cuentos de *El patio*, sino, además, con una sentencia de Neruda: "Ser escritor en Chile, y llamarse Edwards, es una cosa muy difícil", le dice entonces el poeta al joven aspirante a hombre de letras. Éste quizá no entendió en un principio la advertencia, pero lo que sí va a comprender con el tiempo es que su obra no debía consistir tan sólo en inventar una escritura, sino también, y sobre todo, en inventar a un escritor. De ahí que en el fondo haya sido doble su porfía a través de estos años, que alcanzan un raro punto de síntesis en *Fantasmas de carne y hueso*, en esos retratos imaginarios o, mejor, en esos recuerdos donde quedan plasmados, en forma oblicua, sus obsesiones más personales. Allí, el más estendhaliano de nuestro autores no puede ya escribir sin describirse, y acaba confundiendo un "él" con un "yo". La crónica de la infancia, la novela familiar y hasta la alegoría nacional cruzan por estas páginas con el sabor de un encuentro entre viejos conocidos, y todos contribuyen a fijar los diversos rostros de un solo protagonista que se pinta de frente y de perfil, mirándose mirado, escritor y lector de sí mismo. No creo que sea otro el punto donde se unen las diversas tramas de los cuentos: cada uno declina una imagen posible y fragmentaria de su autor, las estampas del hombre que fue, que es o que hubiera podido ser.

Hay novelistas que nos conmueven y nos divierten con sus personajes, pero que nos aburren profusamente con el discurso de sus personas. Muchos lectores y amigos de este chileno podrían decir hoy, conmigo, que el personaje más necesario, generoso y admirable que nos ha dado la obra última de Jorge Edwards, es, sin sorpresa, el escritor Jorge Edwards.

Muchas gracias.

Federico Schopf

Yo también fui intimidado y llamado a la brevedad, hasta el punto de que se me olvidaron las gafas. Es decir, que no sólo intenté un resumen de lo que había hecho, sino que ahora no puedo leerlo. Esto, tal vez, alargue un poco más mi intervención. Originalmente iba a hablar de la literatura fantástica e imaginativa en Jorge Edwards basándome en su obra *El museo de cera*, pero, en aras de la brevedad, y en aras, sobre todo, de los cambios de contexto que se dan en la reedición de este libro, prefiero concentrarme en esta novela y recordar, brevemente, que la primera edición data de 1981, una época en la cual el contexto chileno era el de la dictadura de Pinochet, mientras que, en el contexto internacional, todavía existían la Unión Soviética y el bloque de los países del Este. La reedición del libro se enmarca ahora en la nueva democracia chilena, en cuanto al referente nacional, y en los cambios que produjo la caída del muro de

Berlín. Recuerdo, y es bastante sintomático leer las reseñas que se hicieron de *El museo de cera*, que la discusión se centró en un intento de integrar la novela en la literatura de resistencia, la literatura que trataba las consecuencias del golpe militar en Chile, hasta el punto de que en una reseña que hizo Mario Vargas Llosa, que es normalmente un lector atento, y especialmente un lector muy atento a los textos de Jorge Edwards —porque él estima que, después de la publicación de *Persona non grata*, Edwards fue intencionadamente marginado—, no advirtió que los espacios de *El museo de cera* iban más allá de los espacios de la lengua española. *El museo de cera* trata de la vida de un marqués —el marqués de Villa Rica, y ya veremos que eso es ya una contradicción— que vive en una ciudad como Santiago, pero, a medida que transcurre la novela, atraviesa un puente, y al otro lado del puente existen torres góticas, palacios barrocos, y aparecen unos tanques que amenazan a este marqués, que ya es un inválido al cual llevan en una silla de ruedas su ex mujer y el amante de su ex mujer. Allí se habla un idioma extraño, y eso no lo percibieron casi ninguno de los articulistas que hablaron de esta novela: se hablaba otro idioma y, por tanto, es un espacio más amplio que el espacio nacional. Y lo otro que no se advirtió es que el estilo paródico, sarcástico, de pastiche, de caricatura, es un estilo que tenía que ver con el fracaso de los grandes relatos, con el fracaso de la emoción, de que una novela debe tratar seriamente un tema como un golpe militar o la crisis de una nación. En cambio, la lectura actual se libera de este pesado fardo y nos entrega un mundo en el que hay convergencias y divergencias mucho más ricas.

Ahora bien, para entender el lugar al que llegó la literatura de Jorge es necesario recordar la primera sesión de este conjunto de reuniones en las que hemos discutido su obra, instalarnos en el punto de partida de su narrativa y la narrativa de lo que se llamaba Generación del 50 y entender que estos narradores se encontraron en un momento en que la poesía chilena había obtenido un reconocimiento internacional. Las figuras de Huidobro, Neruda y Nicanor Parra habían logrado instalar la poesía chilena en un contexto de lectura que iba más allá de Chile, que iba más allá de Hispanoamérica, que iba más allá de la lengua española. En cambio, por las razones que más o menos se señalaron en esa primera sesión, la narrativa, o la situación con la que se encontraron estos jóvenes narradores, de los cuales han sobresalido Edwards y Donoso, era una situación en la que la narrativa chilena estaba estancada con respecto al resto de la literatura hispanoamericana. Estaba estancada en lo que en esa sesión se llamó criollismo, que era una representación de la realidad nacional en la que los personajes eran tipos, en la que realísticamente, o más bien naturalísticamente, se explicaban esos tipos de acuerdo a las nociones de herencia, medios, etcétera. No eran individuos. La Generación de 50, como la Generación del 98 aquí en España, es una grupo de escritores que se hace cargo de un momento de crisis. Esto no significa que cada quince años haya cargos generacionales, o que todos los momentos de la historia literaria estén compuestos por generaciones. Lo mismo podríamos pensar de Goethe y Schiller, que tuvieron una importancia decisiva en su momento para el resurgir de la literatura alemana: esto no quiere decir que haya que buscar parejas de escritores en cada momento para que haya desarrollo en alguna literatura. Pero de hecho, estas carencias fueron las que motivaron las búsquedas de estos jóvenes escritores, y yo me atrevo a enunciar una de las tesis que quiero discutir en este foro: de ahí surge el tipo de escritura en Jorge Edwards que conduce, progresivamente, a una representación irreal de los temas, variaciones u objetos referidos en su narrativa. Primero, hay una atención al individuo: se trata de un individuo que experimenta como solitario, fragmentado, pero no es un individuo que esté aislado en un lugar en el que no hay otros contextos, puesto que este individuo está frustrado, destruido, porque una sociedad le impone normas, le impone una represión y una forma de conducta. Por tanto, en el origen de esta narrativa también hay un vínculo con la sociedad, y puede producirse un espejismo al leer los primeros cuentos que están reunidos en tres libros y que desembocan en *Las máscaras*, de 1967, que probablemente, junto con *El lugar sin límites*, de Donoso, diría yo que inauguran la nueva narrativa chilena en el campo de la literatura hispanoamericana.

En este libro se hace patente esta relación conflictiva del sujeto con su medio, y se hace evidente en el sentido de que el medio reprime al individuo. *El peso de la noche*, una novela de 1965, presenta a un joven en estado de crisis, y presenta también a un tío de ese joven, pero no podemos comprender que el tío representa la continuidad del joven, puesto que el joven quiere romper con la sociedad establecida, con el reconocimiento social, en tanto que el tío fracasa en ese reconocimiento social. El joven se siente incómodo en el esquema social en que vive, procura un cambio y no lo consigue. Este tema, el tema de la frustración social y política, y el tema de la frustración amorosa, creo yo que se repiten en toda la narrativa de Edwards, incluso en su última novela. También en *El museo de cera*. Es decir, hay una especie de obsesión: algunos temas van en una especie de espiral, en una especie de movimiento indagatorio de la escritura que no opera con conocimientos previos, sino que a través del trabajo literario procura obtener un conocimiento de estos temas. Opera en una especie de movimiento de ampliación y contracción de los espacios implicados en la novela.

Este método escritural, esta estructura, es muy notorio en *El museo de cera*, en el que los discursos convergen y divergen en torno a los motivos, a los personajes, etcétera, y logran configurar cada vez un espacio más amplio, que rebasa ampliamente lo que podría llamarse apariencia de esa realidad referida. Curiosamente, hoy mismo leí un texto del propio Jorge Edwards que fue una especie de salvavidas para mi intervención, un texto titulado "El equilibrio de la memoria", y pienso que tanto *El museo de cera* como en *El anfitrión* —otra novela, en la que el diablo le compra el alma al protagonista, pero, como es un diablo posmoderno, y en la posmodernidad no existe el alma, lo que le compra es el pasado: es decir, le roba la raíz que le permitía al protagonista encontrar una identidad—, en estos dos textos, como digo, la memoria cumple una función de rescate y de afirmación.

El museo de cera cuenta una historia que, curiosamente, tiene su fuente en Madrid: el marqués de Casa Riera, en una calle cercana a este edificio, descubre que su mujer lo engaña y expulsa de su vida a la mujer —y presumiblemente también al amante— pero los eterniza en unas figuras de cera. Y esto lo hace también el marqués de Villa Rica, el protagonista de *El museo de cera*, título que enuncia que se trata de un personaje del Nuevo Mundo, puesto que en el Nuevo Mundo no existe tradición suficiente como para que haya un marqués. Villa Rica es un pueblo del sur de Chile, y de alguna manera es un marqués como fue *Antoine rey de la Araucanía* en el siglo pasado, —cuando los franceses quisieron apoderarse de un sector de Chile, y nombraron un rey araucano—. El conde de Villa Rica es un sujeto que tiene una vida anterior y posterior al adulterio que comete su mujer: antes es presidente del Partido de la Tradición, viste polainas, usa chaqué y bastón y se traslada en coche, un coche de cuatro caballos. Y éste es algo así como un carruaje del tiempo, porque, a medida que se desarrolla la novela, el marqués cruza, a bordo de este carruaje, distintas épocas. Cruza épocas en las que Santiago no tiene puente, o cuando construyen los terríos, o cuando, en los años de 1960, los estudiantes, revoltosos, desenganchan los caballos y los van a dejar a la orilla del terrío donde crecen los pastos cercanos a los tajamares, pastos y tajamares que no existen en 1968. Él tiene que detener su coche frente a semáforos, y, de alguna manera, ese coche es la máquina del tiempo, igual que en *El anfitrión* un helicóptero es también la máquina del tiempo.

Se casa con una mujer de clase media, muy hermosa, y esto, que él cree que va a tranquilizar su vida, la trastoca completamente, porque la mujer es sorprendida por él en adulterio con su profesor de piano, con quien también se equivoca, porque también cree que es un sujeto inocente. Él decide expulsarlos, pero perpetúa esta escena en unos muñecos de cera. Le hace el encargo a un escultor —que es un escultor de otra época, especialista en figuras de animales queridos de las grandes familias, de manera que los cementerios de París estaban llenos de gatitos y perros hechos por este escultor—, e instala las figuras en su palacio. Abandona el palacio, construye un palacio semejante en las cercanías —una copia de una copia—, y entonces se inicia una extraña transformación en la que, progresivamente, va abandonando sus posturas conservadoras y, lentamente, se va identificando con los muñecos de cera, con su propia efigie de cera encerrada en el antiguo palacio en el momento de descubrir el adulterio, y se va transformando en un *voyeur* al mismo tiempo que su figura declina socialmente.

Otros personajes del libro son también muy interesantes, pero lo que quiero destacar es que esta historia transcurre en un espacio temporal en que el montaje y la superposición de épocas van caracterizando el modo de representación del mundo de una manera manifiestamente irreal, de una manera en la que la convergencia y divergencia del relato —que está a cargo de un grupo, los miembros del club aristocrático al cual solía asistir el marqués: este grupo es el primero y más notorio narrador de la historia—. Pero también existe otro narrador distinto, un narrador oculto, disimulado, discreto, que selecciona los trozos narrativos y que, de alguna forma, va permitiendo una configuración del marqués que no es sólo aquella, ridícula, sarcástica y crítica que hace el grupo, sino que va demostrando cómo el marqués, a partir del adulterio, transforma su vida, se hace anarquista, se libera y, finalmente, realiza una especie de deseo reprimido que lo transforma en un *voyeur* que vive como el muñeco de cera y muere con la muerte de la madera, digamos, con un extraño tipo de muerte. Y la amplificación, el montaje, la parodia, la diversificación de espacios nos comunican, alegóricamente, un momento histórico. De modo que la novela, junto a la peripecia del marqués, alcanza a mostrarnos distintos momentos de la historia de Chile y de la historia contemporánea, lo que a mi juicio la convierte en una extraordinaria novela política. No aplica una teoría para explicar la Historia, no es una novela realista, no aplica una doctrina: es a través de la indagación que se nos muestran las peripecias históricas de la sociedad en la que vive el marqués.

Mi intención, también —pero el tiempo corre—, era hablar de *El anfitrión*, que relata, primero, la vida rutinaria, monótona, estancada, de un exiliado chileno al que se le ofrece la oportunidad de viajar a Chile. Se le acelera la vida, se le acelera el tiempo, y se le ofrece, como ya he dicho, la compra de su pasado, a lo cual él se resiste. Pero, cualquiera que sea la razón de esa resistencia, esta novela continúa el ciclo histórico de Jorge: ya no habla del Chile de la Unidad Popular, ni del Chile del golpe de Estado, sino del Chile de la transición, y a mi juicio, a través de la venta del alma, alegoriza también la proposición de olvido que se encuentra en la redemocratización chilena, la proposición de sustituir el pasado por otro pasado mediocre que haga habitable el presente.

Eva Valcárcel

Muchas gracias, Federico. Creo que las dos intervenciones han sido absolutamente complementarias, incluso las palabras que yo pronuncié al principio. Pero, ahora, la última palabra la tiene, naturalmente, Jorge Edwards.

Jorge Edwards

Yo creo que es muy complicado, para un escritor, hablar de sus propias novelas. Es mejor invitar a que se lean. Yo, por lo menos, prefiero no describirlas, porque al hacerlo las traiciono: la novela es ese texto que está ahí, y si uno lo empieza a contar con otras palabras ya es otra cosa. Pero para agregar algo, yo puedo contar el origen de *El museo de cera*, que ya en parte ha contado Federico Schopf. Y quizá también hablar sobre el origen de *El anfitrión*, y parar ahí y dar la palabra a ustedes para que me hagan preguntas o pregunten a Gustavo, a Federico o a Eva, que saben de mi literatura mucho más que yo.

Es verdad que la idea de *El museo de cera* surgió aquí, en Madrid, en el hotel Suecia, que es donde también estoy ahora. Yo me iba de Barcelona a Chile, pasando por Madrid, después de un período de tiempo en Barcelona. Cuando llegué a Madrid salí a buscar libros en librerías de viejo, cosa que hago algunas veces, y me encontré con un libro de crónicas sobre Madrid, que se titula *Andando por Madrid y otras páginas*, y que está escrito por un escritor que es pariente mío, un primo hermano de mi padre que falleció hace ya mucho tiempo, que se llamaba Joaquín Edwards Bello. Es una especie de clásico de la literatura chilena, un escritor que se lee en las escuelas, y compré ese libro porque pensé que sería divertido leer en Madrid crónicas sobre Madrid escritas por un chileno. Además, Joaquín era un personaje extravagante en mi familia, y tuvo algo que ver con mis comienzos de escritor, como ya les dije hace dos días. En la casa de mi abuelo paterno, cuando se hablaba de Joaquín, nunca se decía Joaquín; se decía "el inútil de Joaquín". Y cuando yo comencé a escribir, me vi condenado a ser el inútil de Jorge, el heredero del otro inútil, el seguidor de la línea de los inútiles. Joaquín era un escritor curiosamente clandestino, que había vivido en Europa, y era un gran jugador. Se arruinó de una manera total, y fue tal su ruina en Montecarlo, que le pusieron dos policías al lado, y lo metieron en un tren y lo sacaron de la ciudad para que no hiciera ninguna locura. Joaquín llegó a Chile en desgracia, arruinado, marginado por su condición de escritor, y se fue a vivir a un barrio en decadencia del centro de Santiago, el barrio bajo de Santiago, donde ya estaba muy mal visto vivir en los años cuarenta. Se casó con una persona a la que él había tomado un gran cariño, que era la camarera de un restaurante naturista al que iba a comer todos los días. Él no bebía, y era vegetariano, y por eso iba a este restaurante, en el que se daban unos "bistecs" a lo pobre, en los que la carne era reemplazada por plátanos y cosas de esas, un lugar bastante extraño que a mí no me gustaba nada. A los ochenta y tantos años de edad se suicidó. Fue un personaje que me impresionó siempre. El caso es que compré su libro de crónicas de Madrid, y una de las crónicas cuenta lo siguiente: un marqués muy conservador, de costumbres muy metódicas, que era jugador, regresó un día antes de tiempo del club al que acudía a jugar al bacarrá —es muy peligroso volver antes de tiempo a casa, sobre todo si se está casado con una mujer muy guapa y muy joven (y esto ocurre en el siglo XIX, que es el siglo del adulterio)— y se encontró a su bella esposa haciendo el amor con el profesor de piano. Hasta ahí, la historia es vulgar, es la historia de un adulterio cualquiera. Pero la reacción de este marqués fue muy curiosa: ordenó hacer dos estatuas, no de cera, sino de piedra, me parece, una de la esposa y otra del pianista, y después cerró la casa y se fue a vivir a otra parte. Hasta aquí, la crónica de Joaquín. Yo leí la historia, y pensé automáticamente en escribir un cuento, porque lo cierto es que, en cierto modo, la historia me sedujo. Pero no escribí el cuento, y, pasado cierto tiempo, ya en Chile, me puse a escribirlo y me salió la novela, en la que lo característico es, primero, que el escenario no es Madrid, pero tampoco Santiago, sino una ciudad sudamericana no totalmente determinada. Porque es una ciudad que tiene elementos de Lima, como las picanterías, y tiene un barrio que se llama "el barrio de bajo el puente", que es un barrio de la Lima vieja, y tiene aspectos de Santiago y tiene aspectos incluso de La Habana vieja, que conocí en la época en que escribí *Persona non grata*. Y ese marqués, en vez de hacer dos estatuas, ese marqués mío es más perverso, porque hace tres estatuas que no son de piedra, sino de cera, y les pone vestidos parecidos a los que tenían los personajes de carne y hueso en el momento de producirse esa escena: hace la estatua del pianista y de la mujer en el momento en que los sorprende, y encarga su propia estatua en el momento en que abre la puerta. Allí, evidentemente, el tiempo se detiene, pero fuera el tiempo se acelera: es el tiempo de las revoluciones latinoamericanas, el tiempo de los jóvenes estudiantes, el tiempo de las marchas, de las canciones de protesta, etcétera. Y así es como se plantea la novela, que tiene un desarrollo que no es exactamente un desarrollo realista, claro. Y hay un momento en que los personajes cruzan al otro lado del río —hay un río en esa ciudad—, y ese río es como un espejo, es un agua profunda, estancada, lenta, muy diferente al río Mapocho nuestro, que es un mísero torrente cordillerano, bastante barroso y en movimiento continuo. Y la ciudad que hay al otro lado del río es una ciudad extraña, donde se habla un idioma que los personajes no entienden, donde la gente se viste con vestimentas anticuadas, con chaquetas grandes, y sombreros de alas grandes, y donde hay muchos tipos uniformados, y donde en los televisores, que son en blanco y negro, como antiguos, se ven unas salas enormes donde se hacen discursos políticos en idiomas ininteligibles. Esa ciudad de al lado se parece, para mí, a Praga, y ese paso a la ciudad de al lado es como un homenaje a Kafka, en cierto modo. Yo conocí Praga, y la conocí guiado por un especialista en Kafka, que me mostró una serie de lugares kafkianos de la ciudad, y esos lugares están descritos en ese episodio. Y claro, está el mundo conservador del marqués, a un lado de la ciudad, y está el mundo comunista al otro lado, pero eso no está exageradamente insinuado, porque yo creo que los significados de una novela no deben ser demasiado directos, tienen que tener una cierta opacidad. Yo creo que los mensajes, en la novela, son mensajes siempre ambiguos y deliberadamente confundidos por el novelista. Y en realidad hay algo metafórico en la novela, pero que no termina de ser transparente, que yo creo que puede ser lo interesante de esa novela.

El anfitrión tiene algo que ver con la novela anterior, porque también en El anfitrión hay dos ciudades: está la ciudad del Berlín oriental y está la ciudad del Berlín occidental. Viví en el Berlín occidental un tiempo, y tuve esa experiencia de pasar al otro lado. Pero, cuando llegué a Berlín occidental, con una extraña beca para escritores que no me obligaba a hacer absolutamente nada, ni siquiera a escribir —yo soy tan vagabundo que le dije a mi mujer que partía para tres meses a ese lugar, porque le dije, mira, no creo que yo pueda estar más de tres meses en Berlín, y me quede siete, y casi me quedé un año—. El caso es que a mí me gusta leer literatura relacionada con las ciudades en las que estoy, por eso compré el libro de crónicas sobre Madrid, y cuando fui a Berlín me llevé literatura alemana. — traducida, claro, porque yo no sé alemán—, y entre los libros que me llevé estaba el Fausto de Goethe, que leí atentamente en una traducción inglesa muy buena, y también algunas novelas románticas alemanas, como por ejemplo El terremoto de Santiago de Chile de von Kleist, que habla de un Santiago de Chile inventado, muy divertido, y algunas otras cosas, entre ellas muchos cuentos y relatos breves de Hoffmann. Me impregné con eso que los alemanes no llaman Roman, sino que llaman Novelle, precisamente, que es la novela de extensión intermedia que siempre tiene elementos góticos y fantásticos, y me impregné mucho de Fausto. Porque yo había leído el Fausto hacía ya muchos años, de chico, leí el Fausto argentino, de Estanislao del Campo, que es un fausto criollo, gauchesco, y después leí La tragedia del doctor Fausto, de Marlowe, y descubrí que hay Las tribulaciones del doctor Faustino, de don Juan Valera, y leí varios faustos más. Y estudié algo sobre el tema del diablo en el folclore chileno, y sobre el diablo en general, que es un personaje sumamente interesante, como todos ustedes saben. Alguna vez crucé el muro de Berlín, y conocí a unos chilenos exiliados en el otro lado. Eran chilenos que vivían en un mundo muy pequeño, en unos apartamentos de muy pocos metros cuadrados, con una nostalgia enorme de un Chile al que no podían volver, soñando con Chile, con las empanadas chilenas y con el vino chileno, y uno de ellos me contó que ahorraba marcos alemanes occidentales, bastante difíciles de conseguir al otro lado, y con esos marcos, cada cierto tiempo, cruzaba el muro y se iba a un Burger King y se pedía una salchicha gigantesca y una gigantesca cerveza, cubría la salchicha de todas las salsas que había, se la comía y se volvía a su covacha del Berlín oriental. Pensé que eran unos tipos soñadores que viven en la limitación y que soñaban siempre con superar los límites, cosa que es una condición fáustica. A eso apuntan todos los textos sobre Fausto: a romper los límites, a superarlos de una manera mágica por medio del pacto con el diablo. En el lado occidental conocí a unos tipos que eran exiliados chilenos, pero que, curiosamente, se habían enriquecido bastante, tipos listos que habían sido obreros mecánicos en el norte de Chile, y después interventores de alguna fábrica durante la Unidad Popular, y que habían tenido que salir al exilio y se habían instalado en el Oeste. Primero viajaban mucho. Me invitaban a viajar, y yo los miraba con asombro; me decían, vamos a reunirnos con Olof Palme, en Suecia, y luego vamos a hablar con los socialistas españoles en Madrid, y luego vamos a pasar por Italia. A mí me parecía que eran ubicuos los tipos, más o menos como Dios y como el diablo, y en seguida habían hecho bastante dinero algunos de ellos, andaban en unos Mercedes Benz gigantescos, y tenían apartamentos en Berlín. Uno de ellos me dijo que quería regresar a Chile y comprarse un fundo allí. Imagínense: uno de la Unidad Popular. Y yo le comenté, riéndome, claro, si no le tenían miedo a la reforma agraria, y él me dijo: "No, eso ya se acabó", de modo que iba a comprarse un fundo con gran tranquilidad. Entonces yo concebí la idea de un Mefistófeles que es un exiliado en el mundo occidental que se ha adaptado con mucha habilidad a él y que dispone de toda clase de poderes, y de un Fausto que es un viejo militante comunista, que se llama Faustino Piedrabuena, que es originario del pueblo de Talca, que es un pueblo de soñadores, tanto que siempre se dice en Chile "Talca, París y Londres"; de ahí salió esta idea. Pensé que el pacto diabólico de hoy ya no se hace con el alma, porque la gente ya no cree en el alma, y eso es lo primero que le dice a Faustino, Apolinario Canales, el Mefistófeles de mi novela: "Yo estoy interesado en comprarle a usted una cosa que no es el alma, porque esto es una entelequia que ya no le interesa a nadie: yo lo que quiero es comprarle su pasado. Su pasado le inhabilita para la vida chilena, usted ha sido comunista, está en el exilio, no puede hacer nada. Yo le fabrico un pasado al uso, lo estudio en mi ordenador y usted llegará a Chile convertido en un triunfador, puede llegar a ser hasta presidente de la República". En el fondo, lo que le compra es la memoria. Es una especie de fábula política en tono humorístico, donde hay muchos elementos de detalle humorístico chileno, de tradición popular sobre el diablo. Eso es *El anfitrión*.

No creo que pueda seguir hablando más que de la idea inicial de las novelas. *Fantasmas de carne y hueso* es, en efecto, un libro que tiene que ver con la memoria, pero, ¿qué fue para mí *Fantasmas de carne y hueso*? De repente escribí un cuento. Escribo todas las semanas un crónica; soy cronista, es mi esclavitud. Mañana, por ejemplo, me tengo que encerrar a escribir mi crónica. Cierto día tenía un tema para una crónica, y cuando lo iba a escribir pensé que, en realidad, era un tema más de cuento que de crónica. Entonces no escribí esa crónica, escribí otra, y me reservé el tema y escribí un cuento con él. Y después escribí una serie de cuentos más o menos relacionados entre ellos, todos con un esquema común, que es el siguiente: un señor mayor, en el Chile de estos años, recuerda un episodio de juventud, un amor de juventud, etcétera. Son todos cuentos amorosos y eróticos, con la característica de que los personajes cruzan a través de largos años. Creo que el más característico es el cuento final, porque es una persona que tuvo un amor, en su adolescencia, con una señora mayor, una señora casada, y se la encuentra después, cuando él ha regresado del exilio, en una playa de Chile. Se habla del pasado, de todo lo que le pasó a esos personajes, y resulta que el gran torturador del cuento es el marido de esa señora. Ella no se ha dado cuenta. El marido es un tipo que pertenece a un grupo de ultraderecha, por ejemplo Patria y Libertad, y ha sido un torturador, un tipo de esos que designaban a las personas que había que torturar, cosa que existió en la realidad chilena: la venganza política llevada hasta la tortura, el asesinato. El marido de esta señora ha sido también un gran torturador en la vida conyugal, un marido duro y cruel. Ella, que es pinochetista, y el otro, que ha sido un exiliado, terminan por descubrir que han sido torturados de una manera muy parecida, y que en el fondo sus diferencias no son tan importantes, sino más bien morales y humanas, más que ideológicas. Este cuento final de *Fantasmas de carne y hueso* tiene todo el elemento fantasmagórico del pasado, de la memoria de las cosas remotas, y quiero decir que es memoria inventada, memoria tramposa: no hay ninguno de esos cuentos que sea exactamente autobiográfico. Yo no volví del exilio y me encontré con esa mujer en esa playa, aunque sí vi, en una playa parecida de Chile, a una persona que creía que era esa mujer que yo había conocido en mi juventud, pero no lo era. Es todo una ficción. Yo creo que mi uso de la memoria procede de esa forma: en usar elementos que están en la memoria, pero utilizarlos con plena libertad para fantasear, para inventar, para hacer trampas o juegos de la memoria.

Puedo decir dos palabras sobre mi último libro, *El origen del mundo*. Ese también fue, originariamente, el proyecto de un cuento, que salió de la historia de un amigo, un tipo que tenía problemas de impotencia, cincuentón ya y bastante aficionado al whisky. Mi amigo me dijo: "Mira, estoy en una situación delicada, creo que voy a tener que elegir entre la mujer y la botella, porque con las dos cosas al mismo tiempo ya no puedo". Esto me dio la idea para escribir un cuento que se iba a llamar "El genio de la botella", pero escribiendo ese cuento, y a través del personaje, me surgió otro tema: el tema de los celos. Porque este personaje era un seductor, un intelectual de izquierdas, una especie de donjuán bastante bohemio. Un personaje que yo he conocido varias veces en la vida literaria, e incluso en la vida no literaria, y aparece ahí una pareja de personajes secundarios, un doctor mayor con una mujer bastante más joven, y ahí, escribiendo el cuento, surgió el tema de los celos retrospectivos. El personaje central se suicida al final, nunca resuelve el dilema, nunca sabe elegir entre la mujer y la botella, y se suicida. En su funeral esta joven mujer del doctor lo llora en una forma que al doctor le resulta sospechosa, y entonces el doctor hace una indagación, que prácticamente es policíaca, para saber si su mujer lo engañó con el amigo, o no lo engañó. Como una especie de tema recurrente intervino un cuadro que vi en los días en que estaba escribiendo ese cuento, que es el famoso cuadro de Courbet *El origen del mundo*, que es un sexo femenino admirablemente bien pintado: una mujer tendida en una cama con las piernas abiertas que muestra el sexo y que, al mismo tiempo, está un poco tapada por una sábana, de manera que no se le ve la cara. Estudié la historia de ese cuadro, que es una historia muy divertida: ese cuadro lo encargó un bey turco que vivía en París, que tenía mucho dinero y que era un coleccionista pornográfico en los años 60 del siglo pasado, es decir, en una época en que no había ni películas ni fotografías pornográficas. Bueno, alguna fotografía sí que había, pero él era básicamente un coleccionista de pinturas eróticas que tenía una salita en su casa —esto es totalmente histórico—, una sala secreta con una puerta que representaba una escena bucólica, una escena de pastores en un día de nieve, con algunas aldeanas alrededor, y cuando se abría esta puerta se entraba en una sala en la que había una colección de pinturas fuertemente eróticas. Este turco, hacia 1860, le encargó a Gustave Courbet, un gran pintor, un pintor preimpresionista, un retrato del sexo femenino. Courbet recurrió a una joven irlandesa, que seguramente debe de haber sido muy simpática y bastante guapa, a juzgar por su retrato, por su desnudo —yo me la imagino como una irlandesa un poco pelirroja, aficionada a la cerveza—. Se sabe que era amiga de los pintores de su tiempo, y que era la amante de Whistler, un gran pintor norteamericano que llegó a París por ese tiempo. Courbet hizo ese retrato, el bey lo tuvo en su colección, después lo tuvo un húngaro, en Budapest, y después volvió a París y formó parte de la colección privada de Jaques Lacan, que lo tenía en su casa de campo. Ahora se sabe que Heidegger estuvo allí, alrededor de quince días durante un verano, y Lacan no quería enseñarle el cuadro de Courbet porque pensaba que Heidegger era un personaje demasiado serio y que se podía molestar si le mostraba el cuadro. Finalmente se lo enseñó, y Heidegger hizo una serie de reflexiones filosóficas sobre el sexo femenino y sobre la sexualidad; todo eso está historiado. Pero en fin, en mi novela no tiene ninguna intervención Heidegger, esto es sólo la historia del retrato para información de ustedes. Mi novela va por otro lado, es una novela de exilio, de sudamericanos en París, de fetichismos de París, y de perplejidad y desconcierto de este doctor, aunque la clave final de la novela la da la voz femenina, que es lo que más me gustó a mí, cambiar todo el tono del relato al final y meter la voz de la mujer. Porque la voz de la mujer siempre es sorprendente; en este caso a mí me sorprendió, y a algunos lectores también. Pero yo creo que hasta aquí podríamos llegar. A lo mejor tienen ustedes algunas preguntas que hacer.

Eva Valcárcel

Podemos seguir hablando, entonces. Yo quisiera, brevemente, hacer una recuperación de algunas de las cosas que se han dicho aquí que creo que están en perfecta sintonía. Federico ha hablado de la relación entre el sujeto narrador y el medio para referirse a las novelas de Jorge, y Gustavo habló de las últimas creaciones de Edwards y de la figura del autor, entroncando estas creaciones con los escritos íntimos a los que yo me había referido en un inicio. En este momento podemos seguir hablando, si ustedes quieren hacer preguntas, aunque sean íntimas.

Jorge Edwards

Yo quiero decir algo que no es íntimo, pero casi. Hay mucha referencia a Stendhal en *El origen del mundo*, porque el doctor es lector de Stendhal. Bueno, yo soy lector de Stendhal, así que ese es un rasgo autobiográfico. Pero contaba Stendhal que durante un viaje a Londres conoció a un personaje que lo intrigó mucho, un hombre que persigue mujeres todo el tiempo pero que, una vez que las consigue, pierde todo su interés por ellas y tiene que cambiar. Prácticamente, el tipo tenía que cambiar de mujer todas las noches. Lo divertido del asunto, y esto no es más que una coincidencia, es que ese personaje inglés de Stendhal se llama Edwards. Pero es que otro de los personajes de las correrías inglesas de Stendhal se llama Barral.

Gustavo Guerrero

Pues hay más, porque, si yo no estoy equivocado, todos los personajes de esos cuentos ingleses de Stendhal, los *Recuerdos de egotismo*, tienen nombres que empiezan por jota.

Jorge Edwards

¿Ah, sí? De esto no me había dado cuenta. Pero a ver si los espectadores quieren hacer alguna pregunta. Que esperemos sea discreta.

Un espectador entre el público

Querría preguntarle a Gustavo Guerrero, aunque la verdad no es más que un comentario, y no de mala leche: tú te referías a la portada de *Fantasmas de carne y hueso*. De alguna manera estábamos cayendo en lo que tú estabas criticando, en el sentido de que el texto caminaba solo y tomaba vida original. Y esto lo digo en referencia a por qué no está el cuadro de Courbet en la portada del libro de Tusquets.

Gustavo Guerrero

Estoy atónito ante esa pregunta. Pero le diré que el editor está aquí, de modo que es más una pregunta para él que para mí.

Jorge Edwards

Eso, que conteste el editor.

Gustavo Guerrero

La verdad es que yo no puedo decirte nada.

El editor, entre el público

Fue una decisión comercial. Me pareció que limitaría las ventas.

Gustavo Guerrero

Profundo error comercial.

El editor, entre el público

Pues no sé, la verdad es que después se ha vendido muy bien el libro, y no sé si se hubiera vendido más de la otra forma.

Jorge Edwards

El libro fue de todas formas censurado en Chile, a pesar de que no tenía el retrato de la pelirroja en la tapa, porque en Chile un buen sector de la crítica literaria es muy pacato. En fin, yo no quiero ofender sentimientos religiosos, ni nada de eso, pero allí hay una gran influencia del Opus Dei, tanto en la vida cultural chilena de hoy como en la educación, y ese libro fue considerado como un libro pornográfico, escandaloso, etcétera. Por ejemplo, en la revista de libros del diario *El Mercurio*, en la que siempre se pone en portada al autor de un libro nuevo, cuando es un autor relativamente conocido en Chile, cuando salió mi libro, en vez de darme la portada a mí se la dieron a un historiador muy conservador al que le hacían una larga entrevista, en la que demostraba con argumentos notables y bizantinos que Pinochet no había sido un dictador. Mi entrevista, en cambio, se colocó en el centro de la edición, muy en pequeño, acompañada de una crítica de un señor que además es pariente mío, que decía que, en realidad, yo no era novelista y, además, ni siquiera sé escribir. Eso pasa todavía en el Chile de hoy. Felizmente, la dirección de esa revista de libros cambió; la verdad es que esa reacción ante el libro irritó a mucha gente, y hubo bastante escándalo. Si el libro, sin llevar en la tapa el cuadro de Courbet, enfadó mucho, yo creo que hubiera sido mejor que lo llevara en la portada, para que así lo hubieran censurado ya de una vez por todas y para que lo leyeran en la clandestinidad. A lo mejor hubiera sido censurado con una barrita negra colocada en la parte estratégica del retrato.

Eva Valcárcel

Quería seguir hablando sobre *El origen del mundo*. Yo no sabía que el personaje principal, en un primer momento, era Felipe, pero ahora todo me coincide. Lo que yo quería plantearte es la posibilidad de que Felipe y Patricio sean el mismo personaje, porque fíjate que es Felipe el que marca la trayectoria de la novela, el que escucha a Rachmaninov, el que marca la estructura, y es Felipe quien, después de su suicidio, hace que el médico de vida sana y edad avanzada se transforme en un hombre más proclive a beber y a meterse en historias complicadas. ¿No es posible que sean la cara oscura y la cara blanca de un mismo personaje?

Jorge Edwards

Puede ser, es una bastante buena observación. Pero no es algo que yo me propuse. El doctor tiene una característica totalmente distinta a Felipe, y es que él le es totalmente fiel a su mujer. Él está enamorado de su mujer, casi obsesionado por su mujer, y Felipe es más Narciso, más enamorado de sí mismo en el fondo.

Eva Valcárcel

Pero en realidad lo que desea Patricio es ser Felipe, y eso se demuestra al final.

Jorge Edwards

Puede ser, sí. Esa es una buena observación. Patricio tiene una especie de fascinación por su amigo Felipe, y esa fascinación es compartida por su mujer, claro. O sea que, extremando un poco las cosas, se podría decir que los dos están enamorados de Felipe.

Federico Schopf

Bueno, eso lo dice la mujer de Patricio, ¿no?

Jorge Edwards

Lo dice la mujer, sí.

Federico Schopf

Oye, y a propósito de Kafka, Kafka aparece más de una vez en *El museo de cera*, porque cuando se muere el marqués va un médico a atenderlo y se va en un coche de caballos, como *El médico rural*.

Jorge Edwards

Sí; es posible, sí.

Un espectador entre el público

Yo quería hacer hincapié en que, del mismo modo en que Edwards va madurando, así van madurando también sus personajes. Por ejemplo, el cuento "El regalo", es de un chico que recibe un libro de una tía anciana. Ahora, en su último libro tenemos personajes viejos, y no aparecen adolescentes. ¿Cómo ve Jorge Edwards eso, el que a medida que el autor envejece lo hagan también los protagonistas de sus libros?

Jorge Edwards

Bueno, eso es relativo, porque por ejemplo en *Fantasmas de carne y hueso* hay una adolescente y unos chicos. En "El pie de Irene" hay una adolescente, y en "El amigo Juan" hay una chica como de catorce años. Yo a veces siento que esos adolescentes son los de *El patio*, mi primer libro, aunque, claro, más evolucionados. Viejos también hay en las primeras cosas mías. Lo que no abundan en mis primeros escritos son gentes maduras, de edad media, pero sí muchos niños y muchos ancianos. Pero no sé por qué, qué quiere que le diga.

Eva Valcárcel

¿Alguna pregunta más? Bien, pues, en ese caso, muchas gracias a todos. Cerramos aquí la sesión, muchas gracias.

Cuarta sesión

Viernes, 31 de octubre
Diálogo americano

J.J. Armas Marcelo

Buenas tardes, señoras y señores, queridos amigos. Vamos a cerrar hoy la Semana de Autor que homenajea al escritor chileno Jorge Edwards, organizada por el Instituto de Cooperación Iberoamericana, que se ha celebrado durante toda esta semana aquí, en la Casa de América. Mi papel aquí, como directivo de esta casa, está solamente en agradecer al ICI que traiga a esta casa a los escritores latinoamericanos, iberoamericanos o hispanoamericanos, como ustedes quieran, para que los conozcan desde aquí, y para que los reconozcan, desde aquí, Madrid, los ciudadanos de Madrid, y los de toda España. En nombre de Tomás Rodríguez Pantoja, director de esta casa, y de todos los demás directivos, muchísimas gracias a don Jesús Gracia, director del Instituto de Cooperación Iberoamericana, y a todos los participantes en esta semana que cerramos hoy, con el diálogo entre Vargas Llosa y nuestro amigo, el escritor homenajeado. Y gracias, fundamentalmente, a Julián Soriano, que se ha portado, como se dice en los carteles, con las tablas necesarias.

Muchas gracias. Tiene la palabra Jesús Gracia.

Jesús Gracia

Gracias, Juancho. Buenas tardes. Es un honor participar en la clausura de esta Semana de Autor dedicada a Jorge Edwards. El pasado lunes abríamos el fuego con esa rememoración del Chile de los años 50, y hoy tenemos el privilegio de contar aquí con un mano a mano entre Jorge Edwards y Mario Vargas Llosa. Un mano a mano que, de alguna manera, reedita otro que tuvo lugar hace catorce años, en 1983, con ocasión de la Semana de Autor dedicada a Mario Vargas Llosa en el Instituto de Cooperación Iberoamricana, allá en la avenida de los Reyes Católicos. Este se celebra aquí, en la Casa de América, que, como una vez más desde su inauguración, generosamente nos acoge.

Todo esto refleja, de alguna manera, el interés creciente que en España hay por todo lo americano, por esta magia, por este continente hermano americano: se refleja en la construcción de esta Casa de América, que es la casa de todos ustedes.

No me queda más que dejar la palabra a quienes van a tenerla con mucha más brillantez y mucho más interés para todos ustedes, sino reiterar nuestro agradecimiento a Jorge Edwards y a Mario Vargas Llosa, que van a ser moderados en esta mesa por Blas Matamoro, nuestro director de *Cuadernos hispanoamericanos*, que es un testigo del hacer de la casa, de la cooperación española en temas literarios. Una revista que se ha remozado recientemente y que dirige Blas Matamoro con gran tino, el mismo con el que seguro dirigirá esta mesa. Muchas gracias.

Blas Matamoro

Buenas tardes. Yo tengo la muy difícil tarea de moderador, que suele consistir en presentar a los participantes. La presentación, en este caso, sería realmente impertinente, porque nadie puede pensar que Edwards y Vargas Llosa carecen de presencia como para necesitar presentación. Todos somos lectores de sus libros, y, por lo tanto, los conocemos mejor que ellos mismos, que sus autores.

La otra tarea que suele adjudicarse al moderador también me resulta bastante difícil de cumplir: la tarea de moderar. Edwards y Vargas Llosa han sido ya moderados por la gran moderadora de la inteligencia humana, que es la Historia. Historia en la que ellos se han inmiscuido, en la que se han mezclado, en la que han actuado, en la que se han hecho y rehecho muchas veces. De modo que no puedo presentar, ni puedo moderar, realmente. Se me ha ocurrido hace algunos momentos que quizá lo único que pueda hacer es esa función que los alemanes llaman "el pianista correpetidor", el pianista acompañante, al que le dicen: acompañe usted a dos cantantes solistas de muy buena voz, muy conocidos por el público, e intente que no se olviden la letra de sus canciones, de sus arias, déles las entradas justas, espere lo que sea necesario, pero que se le oiga lo menos posible, porque usted tiene la desventaja de no tener una voz como la suya y la enorme ventaja de poder mirar la partitura. Los alemanes, cuando elogian a un pianista acompañante, no dicen que es bueno o excelente; dicen que es fiel. La mejor virtud del acompañante es la fidelidad. Bien, pues yo seré fiel, sobre todo, a la lengua que compartimos y a esa partitura ideal que está formada por nuestras literaturas.

Les largo la primera partitura de la noche: es una que está flotando en estas sesiones desde hace varios días, y no es otra que el tema de la crónica y la novela, la crónica y la ficción. Edwards, como buen chileno, es heredero de una gran tradición de memorialistas, y la ha recogido tempranamente; Mario Vargas Llosa, excuso decir que es paisano del Inca Garcilaso, el primer gran escritor latinoamericano, llega un poco más tarde a las memorias. Nos sorprende, porque siempre le habíamos considerado un escritor de la objetividad, un escritor épico, como se decía en una época, constructor de visiones objetivas de la sociedad, y un día nos sorprende con un texto no sólo autobiográfico, sino desgarradamente introspectivo, como es *El pez en el agua*. ¿Qué pasa con la crónica y la ficción? ¿Son dos mundos distintos? ¿Son dos hemisferios del mismo planeta? ¿Son dos cosas que parecen distintas, pero que en el fondo son la misma cosa? ¿Cómo responderían ustedes a esta dualidad, que tal vez sea una unidad?

Mario, que es el visitante, tiene primero la palabra.

Mario Vargas Llosa

Yo le iba a ceder la palabra a Jorge, porque no sólo ha escrito más crónicas que yo sino que es mucho mejor cronista que yo. Creo que Jorge es uno de esos raros escritores hispanoamericanos que ha dado a la crónica una gran creatividad y una gran dignidad artística, algo que tradicionalmente no ha ocurrido en América latina con la crónica. La crónica ha sido considerada un género menor, algo así como un intermedio entre el periodismo y la literatura, entre los que ha estado a caballo muchas veces, y aunque ha habido algunos cronistas notables, como Ventura García Calderón, por ejemplo, o Alfonso Reyes, que ha escrito crónicas muy bellas, la crónica ha sido un género más bien menospreciado por los escritores. Por eso el caso de Jorge me parece bastante excepcional en la literatura hispanoamericana: él ha dado a la crónica el cuidado, la atención, la minucia artesanal, la pasión y la visión de aliento que los escritores suelen dar a las novelas, a las obras puramente creativas. La crónica no es puramente creativa, es una reminiscencia de algo que ha ocurrido, la evocación de unos hechos con los que el cronista no suele tomarse las libertades que se toma un novelista. Pero las crónicas de Jorge, y pienso sobre todo en *Persona non grata*, también, desde luego, en su libro sobre Neruda, que más que una biografía de Neruda es una crónica sobre la persona, la obra y la época de Neruda, han tratado este género con esa devoción, esa orfebrería, y también inyectándole unas dosis de imaginación que, generalmente, tienen sólo las novelas o los cuentos. Yo creo que esa es una de las características más personales de la obra de Jorge: esa calidad artística, esa dignidad literaria que él le ha dado a un género que, hoy día, pocos creadores y pocos artistas cultivan en Hispanoamérica.

Jorge Edwards

Una vez me invitó un crítico uruguayo, un gran crítico de nuestro tiempo y gran amigo nuestro, Emir Rodríguez Monegal, a dar una charla en la universidad de Yale, en los Estados Unidos; me dio el tema y el título de la charla: "Cómo escribir no ficción a la manera de la ficción"; con ese título yo tuve pie para dar una explicación de lo que había tratado de hacer en *Persona non grata* y en otras crónicas breves. Agregué al final de esa charla lo siguiente: cuando escribo crónicas, me gusta hacerlo a la manera del novelista, y cuando escribo novelas, o cuentos, me gusta hacerlo a la manera del cronista. Es decir, que me muevo en esos terrenos limítrofes. Ahora bien, yo creo que *Persona non grata*, y también *Adiós, poeta*, son libros de memorias más que de crónicas. Porque *Persona non grata* son las memorias de tres meses y medio en Cuba, y *Adiós, poeta* son las memorias de como veinte años de convivencia con Neruda, con amigos de Neruda, con enemigos de Neruda. Así que más bien me parece que son libros que están cercanos al memorialismo. Y la otra cosa es que, para mí, en la crónica hay a veces un pequeño cuento, es decir, que la crónica y el cuento son limítrofes. En muchas ocasiones he comenzado a escribir una crónica con la idea de contar una historia, y he suspendido la escritura y he escrito un cuento. Así fueron saliendo algunos cuentos de mi último libro de cuentos, *Fantasmas de carne y hueso*: fueron crónicas reprimidas y transformadas en cuentos. La represión a veces también ayuda en la literatura. No siempre, eso sí.

Blas Matamoro

Borges recordaba con cariño a las censuras, porque eran las que obligaban al escritor a buscar subterfugios y a hacer *literatura*. No hace falta que la censura esté muy institucionalizada y sea muy amenazante.

Tiene razón Mario cuando dice que hay un cierto desdén por la crónica, que sin embargo, en las letras americanas, es el género fundacional. América aparece en la literatura con el diario de Colón —está reescrito por Las Casas, pero bueno, se lo vamos a atribuir a Colón, suponiendo que Colón escribiera tan bien como Las Casas—, y luego memorias de todo tipo llenan el siglo XIX americano, donde tardíamente aparece la novela. Pero hay un pasadizo entre ambos campos, que parece que se llevan muy bien en ustedes dos, que es el de la novela histórica. Ahí tenemos el enorme esfuerzo de reconstrucción que ha realizado Mario con *La guerra del fin del mundo*, y de algún modo, en todas las novelas de Edwards, aunque no pasen muy lejos de la época del lector, hay siempre mucho interés en fijar lugares y tiempos. ¿Cómo es este trabajo del novelista con respecto a la novela histórica?

Mario Vargas Llosa

Bueno, antes de contestar a tu pregunta yo quisiera recordar lo importante que era la Historia para Jorge desde que yo lo conozco. Nosotros nos conocimos a comienzos de la década de los sesenta, en París, cuando Jorge acababa de llegar allí para ocupar un puesto diplomático. Nos hicimos muy amigos, descubrimos que teníamos la pasión compartida de la literatura. Hablábamos continuamente, y el tema recurrente de nuestras conversaciones eran, por supuesto, los libros. Recuerdo que Jorge leía tanto o más libros históricos que literarios. A muchos historiadores chilenos, los conocí por el entusiasmo con que Jorge me los presentaba, y también a historiadores franceses, que él leía con una pasión que resultaba contagiosa. He leído la *Historia de la Revolución Francesa* escrita por Michelet, libro maravilloso, por otra parte, gracias al entusiasmo con el que Jorge me habló de este gran historiador romántico. No me extraña, por eso, que la Historia desempeñe un papel tan importante en la literatura de Jorge: fue un tema que siempre lo apasionó y que, al final, terminó alimentando su vocación literaria.

Creo que mi caso es parecido. La Historia me interesó a mí a partir de un profesor universitario. Yo tuve la suerte, en la Universidad de san Marcos, de Lima, de seguir, en el primer año, un curso de Historia de Raúl Porras Barranechea, que era un notable historiador y un extraordinario expositor, el más sugestivo, persuasivo, hechicero que yo he escuchado jamás. Las clases de Porras Barranechea sobre la Conquista, sobre la literatura de la Conquista —los cronistas eran su gran especialidad—, eran tan fascinantes que yo recuerdo haber dudado incluso de mi propia vocación, de haberme preguntado si mi verdadera vocación no era la Historia en vez de la literatura, porque en boca de este profesor la Historia, realmente, parecía la actividad más importante, la disciplina más profunda para entender la vida, la sociedad, la realidad humana: la figura del historiador parecía una figura más grande, o tan grande, como la del creador. Así que la Historia me interesó mucho desde esa época, y en algún momento vino a prestarme un material de trabajo sumamente estimulante. Ahora bien, siendo actividades que tienen tanto parentesco, si examinamos de cerca, si hacemos un escrutinio severo, descubrimos que hay una diferencia esencial entre ellas, que hay un abismo absolutamente infranqueable entre ambos órdenes: la Historia escrita, en teoría, es una descripción fiel de la realidad; la buena literatura no es jamás una descripción fiel de la realidad, es siempre infiel, es una creación que no refleja, sino que desmiente, contradice, transforma profundamente esa realidad que la alimenta. *Guerra y paz* es una extraordinaria novela no porque describa las guerras napoleónicas, sino porque convierte las guerras napoleónicas en algo muy distinto de lo que fueron, tomándose incluso toda clase de libertades con la Historia. Creo que eso es lo que se puede decir de todas las grandes novelas históricas. La batalla de Waterloo que aparece en *Los miserables*, que todos los que hemos leído esa novela leímos con hechizo, deslumbrados totalmente por esa fuerza épica de esas ochenta páginas de *Los miserables*, no es una descripción fiel, acertada, veraz, de lo que fue la batalla de Waterloo; al leerla, estamos leyendo una revisión totalmente imaginaria en la que el genio de Víctor Hugo ha volcado todos sus fetiches, sus obsesiones, sus mitos, sus propias fantasías a partir de un hecho histórico. Creo que hay una cesura que es esencial entre la ficción y la Historia, aunque el práctica muchas veces la Historia tenga mucho de ficción y la ficción mucho de Historia.

Jorge Edwards

Yo estoy en desacuerdo.

Mario Vargas Llosa

¿Sí? Bueno, menos mal, porque si no iba a ser muy aburrido este diálogo.

Jorge Edwards

Estoy en desacuerdo, porque no creo que haya diferencias entre la escritura de la Historia y la escritura de la ficción. Es decir, yo creo que los grandes historiadores son grandes artistas, y grandes inventores. El ejemplo perfecto es Michelet. La *Historia de la*

Revolución francesa escrita por Michelet se lee como si fuera una novela, está escrita como si fuera una novela. Hay un texto muy inteligente de Roland Barthes, que se llama precisamente *El discurso de la Historia*, que es una explicación de cómo el lenguaje del historiador creativo, que es el que interesa, y el lenguaje del novelista, son lenguajes equivalentes. El historiador tiene un material caótico a su disposición, que es el pasado, esa realidad que dices tú, que es una realidad huidiza; y hasta que el historiador no organiza esa realidad, la realidad no existe. Lo que hace el historiador es introducir una coherencia estética, y si no lo hace así no le funciona el libro como gran libro histórico. El gran ejemplo está en los historiadores antiguos, sobre todo en los griegos y en los latinos, donde se ve que la Historia es pura creatividad.

A propósito, mi lectura de Michelet vino de que Pablo Neruda me contó una conversación que tuvo con André Malraux, que le dijo que había dos libros fundamentales en toda la literatura francesa para llegar a entender a Francia, uno de los cuales era, precisamente, *La Historia de la Revolución francesa*, de Michelet. Por cierto, ahora estoy trabajando en una novela histórica, pero con una gran ventaja para un novelista, y es que se sabe muy poco de mi personaje. Se saben algunas cosas esenciales, pero no se sabe lo que pasó entre medias, ni se sabe nada de su vida privada. Se conoce la vida privada de su señora, que tuvo una vida privada bastante intensa, pero nada de la suya. Esto, claro, permite hacer ficción con una cierta soltura. Así que estoy haciendo una cosa que creo que a mí me va muy bien, porque es algo que está a medio camino entre la Historia y la ficción, que es el terreno que a mí más me ha gustado.

Blas Matamoro

Creo que puedo conciliar un poco. Voy a tocar eso que los pianistas llaman acordes de resolución: creo que Mario estaba pensando en la Historia científica, positivista, y esa, claro, no tiene ningún compromiso con la literatura, porque no puede imaginar, tiene que limitarse a reconstruir. Y Jorge estaba pensando en estos historiadores que advierten que el pasado está lleno de huecos, huecos que hay que inventar igual que un novelista inventa una novela. Recuerdo una frase de Voltaire que dice que el historiador convierte el pasado en leyenda; leyenda en el sentido que el pasado se puede leer. Eso es la Historia, ¿no?

Esa historia privada de los peruanos que muchos historiadores buscarán dentro de cien años en *Conversación en la catedral*, y en *La ciudad y los perros*, y en *La casa verde*, lo harán porque se habrá evaporado la presencia y será necesario que alguien les enseñe a contar una historia, es decir, a hacer del pasado una leyenda. Eso le pasó a un novelista francés llamado Marcel Proust: se puso a reconstruir el pasado, y se encuentra con que no puede, que tiene que inventarlo. Yo creo que Proust tuvo que ser el tercer ángulo de una relación triangular entre Vargas Llosa y Jorge Edwards. ¿O me equivoco?

Jorge Edwards

Yo ya hablé de Proust y de Mario. Mario era bastante reacio a leer a Proust en un principio. Yo le regalé una vez un tomo de *La pléyade*, de Proust...

Mario Vargas Llosa

Sólo uno, no los tres.

Blas Matamoro

Ahora con la revisión son cuatro.

Jorge Edwards

Sí, el primero, creo que fue. Pero tengo la impresión de que Mario no lo leyó en esa oportunidad. Pero al final ha caído en la lectura de Proust, y yo creo que Proust, precisamente, es un inmenso cronista, porque hace un crónica de su mundo, de la vida social de su época e incluso hace una crónica de su vida personal, de sus amores, de sus desamores, de sus decepciones, de sus problemas de todo orden. Incluso hace una crónica de su enfermedad. Así que me parece a mí un fantástico cronista, y un fantástico historiador privado. Él tomaba el trabajo de novelista como lo tomaba Flaubert, por lo demás: como un trabajo de historiador privado. Llegaba a las tres de la mañana a la casa de una amiga, la despertaba —era un tipo muy obsesionado por sus temas— y le pedía que le enseñara un vestido que esta señora había usado en un baile de hacía veinte años o treinta años. Y la señora le mostraba el vestido, y él se tiraba dos horas mirándolo, tomaba notas y lo describía con exactitud, como un historiador, como un historiador de la moda, en este caso. Yo creo que Proust es el cronista-historiador privado que llega más lejos.

Blas Matamoro

¿Y hasta dónde llegaste tú, Mario, en la lectura de Proust empujado por Edwards?

Mario Vargas Llosa

Déjame que exponga una idea antes de que se me escape, porque creo que el ejemplo de Jorge es malo, porque perjudica su tesis, la contradice. Así que me aferro a ese ejemplo. Creo que Proust es un magnífico ejemplo para mostrar cómo la literatura no es Historia, y en realidad es algo totalmente opuesto a la Historia. Proust tenía esa manía documentalista, que es la que tienen la mayor parte de los novelistas. Es la que tenía Balzac, que salía a la calle con una libretita y hacía descripciones en vivo, o la manía documentalista que tenía Flaubert, que quizá llegó más lejos que nadie con su obsesión por lo que él creía que era la fidelidad descriptiva de la realidad. Y sin embargo, cuando nosotros leemos a Proust, a Flaubert, a Balzac, lo que resulta de esa lectura son realidades completamente diferentes, totalmente incompatibles con la realidad. No sólo porque hay un orden diferente, sino porque la realidad ha sido recompuesta a partir de una subjetividad, inyectándole una carga creativa que una Historia respetable no debería tener. Algunas veces la tiene, y eso da una buena literatura, una literatura de muchísima calidad, como el caso de Michelet, pero en la naturaleza de la imagen literaria, que es la que representa la novela, no está la fidelidad a una realidad establecida, sino exactamente lo contrario. Yo creo que ese es el sentido de esa frase maravillosa de Balzac: la historia privada de las naciones no creo que debamos entenderla en el sentido de una Historia no oficial, que no tiene que ver con los acontecimientos políticos o sociales de la época. No, porque todo eso está en las novelas de Balzac. Yo creo que el sentido es que las novelas reflejan una interioridad humana, la Historia que no fue, aquello que en realidad no ocurrió. Y como los seres humanos no se resignaban a una realidad en la que no ocurrieran esas cosas, o a que las cosas no ocurrieran de una determinada manera, las inventaron. Esa es la razón de ser de la ficción. La ficción no es completar la Historia con descripciones de lo que sucede, y los novelistas que se han empeñado en hacer eso y han conseguido hacer sólo eso son los malos novelistas, los que no han conseguido seducirnos, fascinarnos como aquellos otros escritores que de pronto nos han dado en sus novelas aquello que la realidad no podía darnos. Y eso es lo que nos da Proust, lo que nos da Balzac, o Flaubert, o Joyce, o Faulkner: cosas muy distintas entre sí, pero que a nosotros nos completan una realidad a la que hay que añadir otra dimensión, que es la de nuestras fantasías, nuestros deseos insatisfechos, de nuestros demonios, de todo aquello que nosotros quisiéramos encontrar en la realidad, vivir en la realidad, y que, como no lo conseguimos, porque está fuera de nuestra condición, tuvimos que inventarlo y vivirlo vicariamente a través de las ficciones. Creo que esa es la incompatibilidad que hay entre la visión histórica y la visión ficticia de la realidad, aunque tengan por supuesto mucho material que comparten.

Jorge Edwards

Cuando hablé del historiador privado, no quise decir que el novelista no sea una persona que altera la realidad, que la cambia. Yo creo que lo que hace el novelista, siempre, es usar la memoria y usar la Historia, pero hace trampas con la memoria y con la Historia y transformarlas. Yo creo que es un elemento añadido a la Historia el que hace a la gran novela. Un elemento de ficción, evidentemente, y de interioridad. Pero en la gran Historia también hay un elemento añadido que la convierte en obra de arte. Si Michelet se limita a contar la Revolución francesa, no pasa nada; pero si Michelet te cuenta el ajusticiamiento de Luis XVI de la manera que nos lo cuenta, describiendo incluso los redobles de tambor en la plaza de la Revolución, y diciéndonos cómo está colocado el patíbulo, y el aullido como de vaca herida que dice que lanzó Luis XVI al ser conducido al patíbulo, cuando cuenta todo eso hace literatura con la realidad, introduciendo en la realidad un elemento estético. Lo que hace el historiador es introducir una estructura estética en el pasado, mientras que el novelista juega con la realidad, la transforma y la ficcionaliza. Pero lo que ocurre con una gran novela, con Proust, por ejemplo, es que te hace entender el comienzo del siglo francés, del siglo europeo, mejor que cien libros de Historia o de crónicas de su tiempo.

Mario Vargas Llosa

Porque te da ese complemento de la Historia que la Historia no puede dar: te da los fantasmas de una época, te da las mentiras de una época. La Historia cuenta las verdades, la novela cuenta las mentiras. No sólo vivimos de verdades, vivimos de mentiras. No sólo somos nuestros actos, aquello que parecimos o las iniciativas que tomamos: también somos aquello que soñamos, las fantasías que tuvimos, las que incluso construimos para defendernos de una realidad que nos ofendía, que nos agraviaba, que nos frustraba, que nos obligaba a refugiarnos en esas fantasías que son las que las novelas nos alimentan y nos descubren. Esa, yo creo, es la extraordinaria complementación que hace la novela de la visión histórica.

Jorge Edwards

En eso estamos de acuerdo. Perfectamente.

Blas Matamoro

Vamos a ver si yo soy capaz de descifrar bien la propuesta de Mario: la novela es la historia del deseo, de aquello que deseamos ser y no hemos sido, que tal vez, en términos románticos —y por eso los románticos fueron buenos escritores de historias—, sea la verdadera y auténtica vida, la que siempre postergamos vivir.

Jorge Edwards

O es la historia de la contradicción del deseo. Porque si uno mira la obra de Proust, es la obra del deseo contrariado, la historia del objeto del deseo como fantasma. Es una cosa personalísima, privadísima, que sin embargo refleja todo un mundo que está en la realidad. Pero lo refleja de una manera arbitraria y fantasiosa, no como lo hace el historiador. Eso no, naturalmente.

Blas Matamoro

En cualquier caso, creo que los tres le pediríamos a los historiadores —y si hay alguno en la sala, que por favor nos haga caso— que recojan este pudor tradicional del bien escribir la Historia, y que pierdan un poco el otro pudor complementario, que es el pudor científico.

Ahora, yo, como estoy mirando la partitura, voy a hacer una modulación, vamos a ir a otra tonalidad. Vamos a dejar la primera parte del programa, que era la literatura, y les propongo que hablemos un poco de política. La política está entre la literatura y la Historia, entre lo deseable y lo posible. Ustedes dos son no voy a decir animales políticos, porque suena un poco zoológico —animales políticos somos todos, la humanidad es un gran zoológico político, y eso ya lo descubrió Aristóteles—, pero son personas especialmente empujadas y atraídas por la política, en distintos niveles, claro. Pero además son escritores. ¿Se puede hacer política fuera de un encuadramiento político? ¿Se puede hacer política desde una posición eminentemente personalizada, como es la del escritor? Pienso esto porque el político siempre, de algún modo —y está bien que así lo haga—, habla "en nombre de". Es decir, que tiene que representar; no como un actor, sino a un conglomerado humano del que tiene que ser la voz epónima, elocuente o comunitaria. En cambio, parece que el escritor va detrás de otra cosa, de expresarse él desde su más profunda intimidad o de expresarla con el lenguaje. ¿Cómo es esto, entonces? ¿Se puede hacer política fuera del encuadramiento político, o, fatalmente, la política hay que hacerla en una organización política?

Mario Vargas Llosa

Yo creo que, en esto, Jorge y yo hemos tenido una formación similar. Creo que nuestra generación, nuestra generación literaria en América latina, se formó con la idea de que la literatura era indisociable de una cierta actividad política, que la literatura no podía dar la espalda a las problemáticas social y política, y exigía del escritor un tipo de participación en el debate cívico o en la acción política. Esas ideas eran la atmósfera que respiraba un joven con vocación literaria en la América latina de los años 40 y 50. Creo que eran muy pocos los escritores que realmente cerraban los oídos a esos cantos que nos venían de voces persuasivas y muy inteligentes. En mi caso, la de Sartre. La literatura existencialista francesa, que llegaba a través de la Argentina en traducciones de la Editorial Sur, de la Editorial Losada, de la Editorial Sudamericana, planteaban permanentemente la idea de que la literatura tenía una función política que cumplir. Yo devoré *Situations Deux*, de Sartre, y realmente a mí me dio una concepción de para qué servía la literatura, qué es lo que tenía que hacer un escritor que verdaderamente amaba su vocación y no quería que su vocación fuera, como decía Sartre citando a Mallarmé, "un bibelot de inanidad sonora". Las palabras son actos, decía Sartre, uno a través de las palabras puede influir en la Historia, etcétera. Yo lo creí, y creo que Jorge también lo creyó, aunque quizá con menos entusiasmo. Él tenía una formación tal vez un poco más estética, que lo defendía de esa ilusión que yo sí viví intensamente. Verdaderamente creí que la literatura era un instrumento para cambiar la realidad, para hacer la revolución, para transformar las conciencias, para iluminar a los lectores sobre la verdadera razón de la injusticia. En fin, de esta manera, la literatura era una pieza que actuaba en la transformación social. Cuando conocí a Jorge en París, estas ideas eran ideas compartidas por todo el espectro intelectual, desde la izquierda hasta la derecha. Sartre y Raymond Aron estaban en terrenos opuestos, pero los dos creían ciegamente que escribir era actuar, y que uno no podía escribir sin preocuparse por los problemas políticos. Ahora, estas ideas, a partir de finales de los años sesenta, comienzan a perder vigencia. El propio Sartre se desengaña de esa convicción y deja de hacer literatura, y al final llega a decir esas cosas terribles que dijo: ante un niño africano que se moría de hambre, *La náusea* no sirve para nada. Le llega un gran desencanto, al final, sobre esa concepción entusiasta que tuvo de la literatura como acción política, y esa declinación ha continuado y, para muchos escritores, la idea del compromiso es un anacronismo. Pero tengo la impresión de que, tanto para Jorge como para mí, es imposible disociar la literatura de la problemática cívica y social. Aunque también es verdad que creo que los dos, no sé cómo pensará él, creemos que la literatura tenga ese poder transformador, por lo menos un poder transformador inmediato o directo. A mí más bien me preocupa ahora que los jóvenes no crean en absoluto esto y consideren que pensar que la literatura puede servir para cambiar la vida es una ingenuidad ridícula, un romanticismo obsoleto, porque la literatura no es nada más, ni nada menos, que un divertimento, un divertimento que puede ser enormemente creativo, brillante, original, pero no una forma de acción.

Jorge Edwards

Bueno, la verdad es que soy cinco o seis años mayor que Mario, y cuando leí *Qué es la literatura*, el famoso ensayo de Sartre, había leído ya muchas cosas estaba ya mayor, y no me influyó demasiado. Yo diría que mi comienzo en la literatura es más bien un comienzo estético, y no político. Comencé leyendo poesía: *Residencia en la Tierra*, de Neruda, y leí a César Vallejo, a T. S. Eliot, a Rimbaud, a Baudelaire, y comencé escribiendo poesía, bastante mala. Descubrí que no podía ser poeta, y me pasé a la prosa. Pero los prosistas que a mí me gustaban eran Joyce, Faulkner, Borges, Kafka, de manera que yo no me sentía llevado a escribir una novela de tipo político. Y enseguida me metí en la diplomacia, pero no para hacer política: me metí en la diplomacia, en primer lugar, porque no sabía lo que era, y, en segundo lugar, porque pensé que eso a uno le permitía viajar y tener tiempo para escribir y para leer. Después supe que lo que más se conocía en la diplomacia eran los aeropuertos de las respectivas ciudades en que uno estaba. Ahora, sí hubo una influencia de cierto tipo en mi formación, y curiosamente una influencia jesuítica. Ese tema no lo hemos tocado, pero yo era alumno jesuita, y a mi colegio llegó un jesuita chileno, joven, que era un hombre que tenía una gran visión de la sociedad chilena, de los conflictos de la sociedad chilena, de los problemas de extrema pobreza, etcétera. Este hombre era el padre Alberto Hurtado, que ahora ha sido beatificado y creo que va a ser canonizado. Él era muy influyente, muy elocuente. Nos llevaba a nosotros a las poblaciones marginales de Santiago; yo venía de una casa muy burguesa, muy cerrada, con lo que empecé a ver otro mundo, empecé a ver elementos de contradicción en el mundo del que yo salía, una burguesía chilena bastante bruta y bastante bárbara en muchas cosas; eso me llevó a hacer un tipo de narración muy crítica con ese mundo social, y ahí me encontré con Sartre. Pero me pasó una cosa: yo admiraba al Sartre ensayista y articulista, pero me aburría bastante con el Sartre novelista, y en realidad, el mejor Sartre para mí, al final de todas las lecturas, es el Sartre de *Les mots* (*Las palabras*). Pero yo, en la época en la que leía a Sartre, leía también otras cosas, y no compartía totalmente esa visión del compromiso de la literatura que tenía Sartre, y que tú, Mario, sí compartías con gran entusiasmo cuando te conocí. Pero es que tú eras muy joven cuando recibiste esa influencia de Sartre, y te marcó y te impresionó mucho. Yo diría que mi gran influencia literaria en la adolescencia fue Joyce, porque yo venía de un colegio de jesuitas, y Joyce también; él narraba toda esa experiencia y finalmente reaccionaba contra toda esa formación eclesiástica y religiosa, y eso me ayudó a mí a liberarme de todo aquello. Es verdad que yo terminé metido en política, metido en la izquierda, pero no de una forma completa, siempre con una cierta duda y cierta distancia escéptica, lo cual me salvó, o me libró de militar en partidos. Nunca intervine en la política activa. A veces pienso que me hubiera gustado ser candidato a algún puesto de regidor municipal por ahí, en una provincia, porque me ha faltado en la vida el contacto con un electorado, con una masa, con un mundo local. Y a lo mejor lo hago todavía, miren. Nunca es tarde.

Mario Vargas Llosa

Te deseo mucha suerte.

Blas Matamoro

Bueno, yo pensaba en una campaña política, presidencial, que era la de Mario, pero ahora tengo otra, un tanto más modesta, municipal, que es la de Jorge. De todos modos, estoy pensando, con horror, en Jorge Edwards metido a alcalde, o en Mario Vargas Llosa metido a presidente del Perú, teniendo que firmar doscientos expedientes, y estudiándolos, porque ellos sí se los estudiarían, y diciendo, caramba, pero si hoy yo tenía que escribir este capítulo de tal novela. Es decir, pensando que su vocación cívica les estaba confiscando no sólo las horas de trabajo del escritor, sino también las horas de ocio del escritor. Este horror, de momento, no parece que se vaya a concretar, salvo que un día de estos te nombren alcalde, Jorge.

Jorge Edwards

Pero a mí me gustaría ser alcalde de Chillán, porque los veranos de mi infancia los pasé en Chillán, y la experiencia aquella la usé en un cuento de *Fantasmas de carne y hueso*, el primer cuento del libro, precisamente. Había un mundo indio en Chillán, muy fascinante para un niño, muy extraño y muy diferente a todo lo que yo conocía. Así que voy a pensarlo seriamente.

Blas Matamoro

Muy bien. Incluso podrías ofrecerle una asesoría a Mario. Dentro de poco habrá una ciudadanía sudamericana, y será posible que un peruano intervenga en el gobierno municipal de una ciudad de Chile.

Ustedes han conocido la izquierda. La izquierda es algo que nos llevaría mucho tiempo explicar, pero han sido muy críticos con respecto al llamado socialismo real. ¿Ustedes creen que esta división histórica entre izquierdas y derechas tiene vigencia hoy? Y si la tiene, ¿tiene la misma vigencia que tuvo hace treinta años, o hace doscientos años, cuando se le ocurrió al presidente de la Asamblea francesa dividir a los diputados en izquierdas y derechas?

Mario Vargas Llosa

Tiene vigencia, porque es una fórmula que está en uso. De manera que, si se usa, es porque cumple una función. La realidad es que los contenidos de lo que representan esas dos categorías creo que han cambiado sustancialmente en los últimos años, aunque no todos los que utilizan estos términos sean conscientes de ello. Es curioso ver, por ejemplo, como prueba de lo que estoy diciendo, el que la izquierda, en los años en que Jorge y yo nos conocimos en Francia, tenía un contenido fundamentalmente revolucionario, antiinstitucional. La izquierda creía que había soluciones para los problemas, pero no pensaba que las soluciones a esos problemas pasaran por las instituciones establecidas. Lo que pensaba era que las instituciones establecidas eran la causa central de los problemas. Creo que esa era la gran convicción, compartida por las muchas líneas de pensamiento, partidos políticos, ideologías de la izquierda. La derecha defendía, con matices distintos, lo ya existente, las instituciones, lo establecido, y veía con desconfianza, a veces con un rechazo total, la idea de una transformación de las instituciones, del Estado, de la organización económica, de la sociedad, de la cultura. Pero hoy día, si echamos un vistazo a la derecha y a la izquierda, vemos que sus planteamientos no valen absolutamente para nada. Curiosamente, en la mayor parte de los casos la izquierda ahora defiende las instituciones establecidas, es un pilar de lo establecido, con lo que coincide con una gran parte de la derecha que ahora se llama moderada. Y hay un sector de una derecha marginal que lo que quiere es cargarse todas esas instituciones, lo que da a las ideas de izquierda y derecha contenidos sustancialmente diferentes. Pero hay un aspecto en el que siempre se podrá hablar de una derecha y una izquierda, y es la política asociada a alguna visión utópica. Yo creo que eso sigue estando presente hoy día, a pesar de que las utopías parecen haberse desmoronado. Pero sí hay ese resabio, por parte de la izquierda, de no aceptar esa realidad y buscar siempre de alguna manera la utopía. Creo que esa es una característica que singulariza a un sector político identificado con la izquierda.

La derecha representa un aspecto completamente distinto: ofrece una visión pragmática, de rechazo de la utopía, una visión más pedestre, que ve la política como una gestión de lo existente, como algo que debe constantemente hacer concesiones a la realidad, y esa línea fronteriza sin duda se va a mantener. Pero lo que ha desaparecido, y no veo que tenga posibilidades de resucitar, al menos en un futuro inmediato, es aquella idea que, cuando Jorge y yo éramos jóvenes, tenía una vigencia extraordinaria: la idea de que se podía traer el paraíso a la tierra, de que se podía revolucionar completamente la sociedad y crear, sobre bases completamente justas y humanas la organización social en su totalidad, desde la economía hasta la cultura, la política, etcétera. Esa tradición socialista la mató el Gulag, las denuncias de los disidentes de los países que vivieron el socialismo real, la comprobación de la catástrofe económica de una economía centralizada, la tragedia para todas las libertades individuales y colectivas que constituyeron los sistemas de partido único, de la eliminación de la competencia política. Todo eso mató la noción del socialismo, y la idea del socialismo que está vigente hoy en día no tiene nada que ver con esa realidad que quedó sepultada bajo los escombros del socialismo real, que era el socialismo en el que tanto Jorge como yo creímos en un determinado momento, creo que yo con más entusiasmo que Jorge, que efectivamente siempre fue algo escéptico y veía con alguna ironía mis entusiasmos socialistas. Aunque tengo que decir que me impresionó mucho ver que Jorge, que era un funcionario diplomático de un gobierno, el de Frei, violentamente enfrentado con Cuba, que tenía una situación tensa con la revolución cubana, no tenía escrúpulo en ir conmigo a la embajada de Cuba en París los 26 de julio a demostrar su solidaridad con la Revolución cubana. Chile era un país tan democrático que no lo botaban de su puesto.

Jorge Edwards

No, pero la verdad es que no tenía ningún riesgo. Chile era un país muy liberal, y si uno era un diplomático un poco aficionado al régimen cubano y se acercaba por la embajada de Cuba el día 26 de julio, pues no pasaba nada. Yo incluso firmé algún manifiesto procubano, y no pasaba nada. Al contrario, llegaba uno al ministerio de relaciones exteriores y le decían, mira, tú, como tú eres medio rojo, hazte cargo del departamento de Europa oriental. A mí me tocó ser jefe del departamento de Europa oriental porque el ministro consideraba que yo, medio rojo, estaba bien para ese cargo. Por eso me mandaron a abrir la embajada en Cuba.

En cuanto al concepto de la derecha y la izquierda, yo creo que Mario ya lo ha explicado brillantemente. Pero yo diría una cosa: yo siempre tenía una mirada muy atenta a la relatividad de esas cosas, porque en el mundo occidental, en el mundo chileno, por ejemplo, la izquierda era el comunismo y el socialismo, y la derecha el capital, etcétera. Pero incluso cuando como diplomático me tocó estar en el interior de países comunistas resultaba que la derecha, en el interior de un país comunista, era el gobierno, y la izquierda eran los disidentes. Así que esa relatividad del concepto me llamaba mucho la atención y me hacía pensar que se iba a salir de ese esquema. Creo que hoy, como es tan difícil mantener un pensamiento utópico, se tiende a suavizar la diferencia entre izquierda y derecha, y yo creo que eso es bastante bueno, porque pienso que, en el caso de Chile, lo que produjo la crisis chilena y el desastre chileno fue la extrema y enfermiza polarización, en la que uno tenía que ser o de extrema izquierda, o de extrema derecha. El centro político había desaparecido. Y yo creo que ese fue uno de los fenómenos típicos del proceso chileno, y fue un fenómeno terriblemente destructivo. Así que yo creo que esa relativa distancia, o pragmatismo, o escepticismo frente a la división entre izquierda y derecha o frente a la utopía es sana, es bastante buena. Hoy día yo diría que lo que caracteriza a la derecha es la tendencia a pensar que el mercado es como la Naturaleza, que no se le puede tocar y hay que dejarlo actuar solo, y lo que caracteriza a la izquierda es un intento de influir en el mercado. Lo grave de intentar influir en el mercado es que muchas veces ese intento produce el efecto contrario al que se buscaba, y eso es lo que se le puede criticar hoy día a cierto pensamiento de izquierda: que critica al mercado y propone intervenciones que, a la larga, producen más pobreza, más desigualdad, más desocupación. Ahora, el utopismo me imagino que rebrota por algún lado. A lo mejor en el ecologismo, en el cuidado de la Naturaleza. Es algo que siempre ha existido. Pero, claro, el peligro es que ese utopismo sea muy fuerte. Es posible que al principio de este siglo existiera ese movimiento de utopía. Pero, visto desde el momento actual, ha sido desastroso.

Mario Vargas Llosa

Una de las grandes deficiencias del pensamiento político contemporáneo es el hecho de que no haya habido, aún, una revisión lo suficientemente profunda de la extraordinaria paradoja que constituye el que, por una parte, la izquierda llamada intelectual, que era la izquierda que representaba el más alto nivel de pensamiento, de creatividad artística, de seriedad y rigor intelectual, se identificara de esa manera tan profunda y casi unánime con la utopía socialista, utopía generosa, profundamente occidental. Ahí están las raíces del pensamiento occidental. Pero, al mismo tiempo, esa intelectualidad era ciega, cómplice con crímenes monstruosos contra la humanidad que se cometían en nombre de esa utopía. Con el nazismo no hubiera absolutamente ninguna duda: no había intelectuales que trataran de ocultarlo o, si los había, eran muy pocos y eran voces que no representaban absolutamente nada. De manera que los crímenes monstruosos cometidos por el nazismo o por el fascismo, esos sí llegaron a la conciencia pública. Esos sí provocaron ese rechazo, esa reacción casi unánime de las fuerzas de izquierda y las fuerzas democráticas. Pero frente a los crímenes cometidos en nombre de la izquierda, crímenes monstruosos, sobre los que las revelaciones siguen hoy día añadiendo cifras, cifras que son tan sobrecogedoras como las de los crímenes del nazismo, sobre aquello, salvo unos pocos casos que no han sido reconocidos, que muchas veces han sido satanizados, marginados o silenciados, había una curiosa actitud de la izquierda internacional de silencio, de pasar la página y no preguntarse cómo fue posible. Eso que se preguntaba Euclides da Cunha, que estuvo en la guerra de Canudos, se creyó todas las mentiras oficiales que promovieron los intelectuales sobre la guerra de Canudos: que era una guerra colonialista, que eran oficiales ingleses los que dirigían a los sublevados contra la República. Creyó eso, dijo eso, escribió eso, hizo que los brasileños creyeran eso, contribuyó a crear esa atmósfera envenenada que hizo que el ejército fuese a matar a esos pobres campesinos, a masacrarlos. Pero de pronto se preguntó, ¿cómo es posible? ¿Cómo hemos podido nosotros, con tan buenas intenciones, ser cómplices de esta monstruosa hecatombe? Y escribió un libro que es una extraordinaria autocrítica de la clase intelectual brasileña sobre lo ocurrido en Canudos. Pero sobre lo ocurrido con el Gulag, veinte millones, treinta millones de muertos, sacrificados en nombre de la utopía socialista, todos los que en el Perú, en Chile, en Francia, las mejores cabezas, los mejores escritores, los más brillantes, los más lúcidos, que estuvieron y vivieron todo aquello, sabiendo todo aquello, cantando todo aquello, luego pasaron a hablar de otra cosa. Neruda, tú lo dices en tu libro, Jorge, un poeta tan extraordinario, que nos conmovió tanto en nuestra juventud, que formó nuestra sensibilidad... ¿Cómo es posible? En un momento dado, ellos supieron que habían amparado a una monstruosidad que llevó a la muerte, a los campos de concentración, a la cárcel, a millones de inocentes. Y nadie dijo nada. Es impresentable el que toda una clase intelectual, en todo el mundo, se cierre sobre sí y no acepte que, como dicen los chilenos, venga nadie a meter el dedo en el ventilador. Sin embargo, tendrá que haber una revisión intelectual de esa extraña complicidad, de esa misteriosa actitud de irresponsabilidad ética de toda una clase intelectual y artística que, en nombre de la utopía, fue cómplice de una de las tragedias más tristes que ha vivido la humanidad.

Jorge Edwards

Dos cosas al respecto. Estoy básicamente de acuerdo, pero creo que hubo más escritores que hablaron de ese tema de los que se piensa, y que esos escritores fueron silenciados, precisamente porque la mayoría, el pensamiento hegemónico, era de esa izquierda que lo ocultaba todo. Pero, además, hubo un conjunto de escritores que no se metió en el tema de la política, como Joyce, o Faulkner: fueron indiferentes a la política, y no dijeron nada porque no se interesaron nada. Pero es evidente que va a venir, creo yo, una revisión importante de la situación de los escritores que fueron cómplices de todo eso. Estoy seguro de que eso va ocurrir, aunque esos procesos de revisión de la Historia son muy lentos. En Francia están ahora juzgando a Papon por actuaciones en Vichy entre los años 1942 y 1944. Este señor está siendo juzgado hoy, a los ochenta y tantos años. Y supongo que habrá un juicio sobre Neruda, sobre Aragon, sobre todos esos escritores que fueron extraordinarios artistas, pero que fueron cómplices. Hubo una complicidad histórica seria. Neruda se daba cuenta, y no se quería dar cuenta. Pero yo le escuchaba cosas sorprendentes, que me dejaban muy perplejo. Por ejemplo, me decía que él había ido a finales de los años cuarenta, después de la Guerra Mundial, a Checoslovaquia, que tenía muy buenos amigos allí, escritores, intelectuales, etcétera, y los había visitado en esas fechas. Cuando regresó a Checoslovaquia, sobre 1952, esos amigos suyos no querían verle, y si se lo encontraban por la calle se cambiaban de acera para no tener que saludarle. No por nada, si no porque preferían evitar cualquier contacto con cualquier persona que viniera del exterior. Eso indicaba lo desastrosa que era ya la situación en esas fechas. Neruda me decía, cuando salieron las memorias de Jruschov, que era posible que las memorias pudieran tener alguna adición de algún editor norteamericano, pero que eran auténticas, porque lo que contaba Jruschov en sus memorias era lo mismo que le contaban a él los escritores amigos suyos que estaban en Moscú. O sea que Neruda sabía y empezó a dejar traslucir algunas cosas en su poesía, pero con bastante debilidad. Lo curioso es que en sus memorias sí dijo bastantes cosas, finalmente. No sé cómo fue la edición de esas memorias, porque se publicaron después de la muerte de Neruda, pero fue notable lo que pasó con ese libro, demostrando lo que era la censura comunista: en Moscú se censuró todo lo que implicaba una crítica a Stalin, y eso que se suponía que la Unión Soviética se había desestalinizado hacía tiempo, y en cambio todo lo que implicaba una crítica a Fidel Castro y a la Revolución cubana se dejó, porque no le importaba nada a los soviéticos. Y Matilde tuvo que viajar a Moscú, y luchar, y yo no sé si finalmente consiguió que se publicaran esas partes, o si hubo un compromiso o una especie de acuerdo con la censura soviética. Ese tema es doloroso y complejo, aunque repito que yo creo que hubo más intelectuales de los que nosotros pensamos que comprendieron la situación y lo dijeron a tiempo. Por ejemplo, nunca se ha dicho que Vicente Huidobro, después de una época de entusiasmo prosoviético en la que se iba con su abrigo de terciopelo a las manifestaciones obreras en Chile, y levantaba el puño, y le hacía odas a Lenin, después de eso escribió un artículo y un ensayo muy interesante que se titula *Por qué soy anticomunista*. Esto lo sabe muy poca gente, porque nadie se ha preocupado de destacarlo, ni siquiera la crítica literaria chilena.

Blas Matamoro

Sí, hay un drama intelectual en todo eso. Pero yo quería hacer hincapié en que casi todos los países latinoamericanos, al contrario de lo que sucedía hasta no hace mucho tiempo, hoy se rigen por sistemas democráticos de gobierno. Unas democracias con todos los matices que ustedes quieran, pero que básicamente son sistemas constitucionales con un estatuto de libertades públicas y un estatuto de derechos humanos. Cabe añadir, además, que la democracia, al revés que otros sistemas más o menos perfeccionistas, la democracia, digo, y voy a exagerar un tanto las palabras, se jacta de sus defectos. Es decir, que los pone en el escaparate y los utiliza como materia constante de debate. Les quiero preguntar lo siguiente: ¿Cuáles son los peores defectos de nuestra democracia?

Mario Vargas Llosa

Yo quisiera comentar la noción de ideas radicales y de ideas moderadas en política. Cuando uno habla de ideas radicales, habla de ideas que defienden posiciones extremas: la revolución socialista, la dictadura militar, y las posiciones moderadas parece que fueran el intermedio, la democracia. Ahora bien, en realidad el radicalismo y la moderación están dadas, en política, por el contexto social e histórico. ¿Qué es lo radical en un país que no tiene una tradición de legalidad, de tolerancia, de respeto a los derechos humanos, de renovación de sus gobiernos a través de elecciones más o menos limpias? ¿No es acaso lo más radical, para un país con esas características, romper con esa tradición e inaugurar una era nueva, donde ya no es la arbitrariedad o la brutalidad, sino la ley la que organiza el funcionamiento de la sociedad? El aceptar que hay unas decisiones mayoritarias, que se expresan en las urnas y que deben ser acatadas por quienes han sido derrotados, ¿no es una revolución absolutamente radical? Sin ninguna duda. Eso es mucho más radical que decir: la acción enérgica de un grupo va a transformar la sociedad. En los países en los que siempre la Historia ha funcionado a partir de acciones violentas de grupos minoritarios que han accedido al poder y se han mantenido en el poder gracias al uso de la fuerza, el de la democracia es un pensamiento revolucionario. Por el contrario, el uso de la fuerza en la política ha sido el *status quo*, la realidad cotidiana. Y esa ha sido la historia de América latina: ese radicalismo, en realidad, allá no es radicalismo, sino un conformismo, un profundo conformismo, una tradición que no creía en la ley, sino en la fuerza, que no creía en los consensos que obligan a hacer concesiones para mantener la coexistencia, sino que creía en la imposición, a través de la fuerza, de una convicción que aparecía como verdad absoluta. La verdad es que, en América latina, lo que está ocurriendo desde hace algún tiempo es una revolución; una revolución que puede dar marcha atrás, que puede desplomarse. Hay casos, como el del Perú, donde ya se ha desplomado: la democracia ha desaparecido bajo una nueva forma de dictadura, como la que existe hoy día en el Perú, una dictadura que no es tan brutal, ni tan corrupta como las que hemos tenido en el pasado, sino que guarda una fachada, unas formas que la hacen más aceptable para la comunidad internacional hoy en día, que no acepta las dictaduras de los generales con entorchados. Pero es una revolución que, en muchos países de América latina, muchos latinoamericanos, que no estaban acostumbrados a los consensos, a aceptar la legalidad, a coexistir en la diversidad, a rechazar las soluciones extremas de la fuerza, hoy día lo estén haciendo. Es una transformación muy profunda, que ha abierto una nueva era que yo creo que hay que tratar de apoyar, con toda lucidez y siendo muy consciente de que esas democracias primerizas están llenas de defectos y limitaciones, sin ninguna duda. Tal vez el mayor defecto sea el de la corrupción. La verdad es que son democracias casi todas corruptas, y algunas profundamente corruptas. Y no hay nada que desmoralice, desanime tanto a una sociedad respecto a las instituciones, respecto a sus gobernantes, como el ver que el poder sirve para enriquecerse, y que quienes tienen el poder gozan de una impunidad, de unos privilegios, de unas ventajas en el campo económico de las que están privados el resto de los mortales. Eso desencanta, y eso, desgraciadamente, en el pasado fue la razón por la que las democracias latinoamericanas perecieron.

Una de las razones por las que yo creo que se justifica un moderado optimismo en América latina es que hoy en día, la democracia política viene, en muchos sitios, acompañada de una cierta modernización de la economía. Lo que parecía una mala palabra, excepto para un grupo ínfimo al que nadie escuchaba, el *mercado,* hoy ya no es una mala palabra en América latina: la derecha o la izquierda, todos los aceptan. La izquierda dice que hay que corregirlos para que no provoquen desigualdades, y la derecha no dice eso, aunque también un sector muy grande de la derecha quiere corregir los mercados. Pero la realidad es que hoy día se acepta que es preferible que sea la sociedad civil la que produzca la riqueza en vez de los Estados, porque los Estados son muy incompetentes para hacerlo, y que hay que integrarse a una realidad internacional si uno quiere progresar, porque la política de las fronteras económicas sólo ha traído empobrecimiento. Esas son unas ideas modernas que por primera vez, en la historia de América latina, tienen consenso. Para mí eso es una esperanza. Sin embargo, creo que no hay que ser excesivamente optimistas: hay muchos países de América latina en los que la democracia ya es en buena medida un cascarón vacío, en los que la sociedad está verdaderamente a sangre y fuego, viviendo fenómenos como el del narcotráfico, que ha creado un poder económico mayor que el del Estado. No es solamente el caso de Colombia, estamos viendo cómo en México sucede lo mismo, y ese es de unas proporciones tales que muy difícilmente pueden funcionar unas instituciones democráticas con problemas de esa envergadura. O sea, que las amenazas a esos desafíos son muy grandes, aunque es verdad que, por primera vez en la historia de América latina, hay muchos países que parecen, por lo menos, orientados en el camino de la modernización. Y creo que Chile es el país que está a la vanguardia de ese fenómeno, porque la democratización en Chile, que todavía es imperfecta, por supuesto, viene acompañada de un desarrollo económico muy grande, y eso le da una solidez que no tienen otras democracias de América latina.

Jorge Edwards

Quiero volver al comienzo de lo que tú decías sobre las ideas radicales y las ideas moderadas. Les voy a dar un ejemplo de cómo ideas moderadas en un contexto pueden ser radicales en otro. En Chile, en los años del pinochetismo, asistí a una discusión sobre temas de cultura chilena. Allí estaba Nicanor Parra, un poeta chileno muy conocido, y leyó un texto que sonaba enormemente subversivo. Era el texto de un decreto ley. Tan subversivo sonaba, que la gente de la sala tenía miedo. Cuando llegó al final de la lectura, leyó la fecha: Santiago, Chile, abril de 1818 y la firma: Bernardo O'Higgins. Es curioso cómo una idea puede ser moderada en un contexto y radical en otro. Ese decreto que leyó Nicanor Parra era el decreto de la libertad de imprenta hecho por O'Higgins en los comienzos de la independencia. Esto revela mucho sobre las situaciones de nuestros países. Yo creo que el gran problema de las democracia latinoamericanas, entre otros, es que no está bien resuelta la relación entre el poder militar y el poder civil. Y mientras esa relación no se resuelva, siempre vamos a tener problemas: cada vez que haya una crisis, habrá un brote de militarismo y va a ver un palo. Esa es la historia reciente del Perú, la argucia de Fujimori para entenderse con el poder militar e imponerlo sobre el poder civil, y es la historia de las limitaciones de la democracia chilena de hoy día. Nosotros vamos a tener, posiblemente, un senado después de las elecciones de finales de este año, y después de que los senadores designados por la constitución de Pinochet cambien, vamos a tener como senador vitalicio al general Pinochet, y habrá cinco o seis generales del ejército que también serán senadores. Así que esa relación del poder civil con el poder militar es sumamente grave, a mi juicio. Ahora, felizmente, por lo menos en Chile, aunque creo que es un consenso más o menos general en América latina, se ha avanzado en la economía, se ha avanzado en poner la economía al ritmo de la economía contemporánea. Eso ha sido importante, porque es una especie de colchón frente a todo este conflicto. Pero en el momento de una crisis económica, y ahora se ve cómo una crisis económica puede venir de donde menos se piensa, un problema en la bolsa de Hong Kong repercute en Chile, y en el Perú, y en la Argentina; en el momento de una crisis económica, en la situación nuestra, vuelve de nuevo el poder militar al primer plano. Por ejemplo, ahora se habla de una especie de alianza entre Argentina y los Estados Unidos, alianza que implica ciertas compras de armamento de segunda mano, en condiciones más favorables para Argentina que para otros países. Pues eso, inmediatamente, produce una reacción en el ejército chileno, que considera que la diplomacia chilena ha maniobrado mal en cuestiones de seguridad nacional. Por eso el tema es de una complejidad enorme, y yo creo que hay que tener mucha vigilancia. Creo que los intelectuales latinoamericanos algo podemos decir, y quizá tengamos una pequeña influencia en nuestros países, y hay que estar presente siempre, porque los peligros son enormes, los peligros están ahí y hay que tener mucho equilibrio, mucha sensatez, mucho sentido para maniobrar en esos terrenos. La solidaridad internacional es importante, aunque no se crea. En el caso chileno, la solidaridad internacional facilitó la transición política de una manera real, no es un cuento.

Blas Matamoro

Bueno, estamos girando en torno a los grandes temas de la historia hispanoamericana: modernización —la obsesión de nuestros próceres fundadores está ahí—, integración —y, por lo tanto, el cuestionamiento del nacionalismo—, y una palabra que en una época era elogiosa, una palabra de origen español: liberal, que en castellano clásico quería decir generoso, y que, a pesar de que en España, como en nuestros países, el liberalismo ha sido bastante intermitente, España logró incorporar al léxico político contemporáneo. Hubo un tiempo en que se elogiaba a la gente llamándola liberal, pero ahora los matices han cambiado. Hay gente que usa la palabra liberal como esas armas que se arrojan pensando en darle al adversario, aunque a veces el adversario se agacha y el arma vuelve al agresor y lo castiga. Quisiera proponerles esta familia de palabras, como aprendíamos en la escuela: liberalismo, regionalismo, nacionalismo, modernización.

Jorge Edwards

Cuando yo estuve en La Habana como diplomático del régimen de Allende en Chile, después de más o menos tres semanas, el poeta Padilla, que después fue encarcelado y tuvo que salir de Cuba, pero que en aquel entonces aún andaba suelto, por la calle, se me acercó un día y me dijo: "Mira, ya te tienen catalogado de liberal. Estás perdido". "A lo mejor soy liberal, en el fondo", le contesté. Yo pienso hoy que se puede reivindicar esa palabra, que fue una palabra peyorativa en la época de la enfermedad de la polarización política, de la enfermedad de las derechas y las izquierdas extremas. Pero hoy vuelve a tener sentido, y yo creo que es un término a reivindicar. Además, es una palabra que en la historia española, y en la historia de la lengua, tiene un uso muy bonito. Aparece, por ejemplo, en el *Quijote*, y siempre significa generosidad, altruismo, en cierto modo quiere decir decencia y cultura, así que no está tan mal.

Mario Vargas Llosa

La palabra liberal quiere decir cosas distintas según quién la emplee y según para qué las emplee. Hay una connotación que es generosa, es una palabra que se asocia con tolerancia, con una tradición civil, antimilitarista, porque los liberales siempre se opusieron a las dictaduras militares y a la militarización de la política. Pero hay un aspecto de liberalismo, que tiene que ver con la economía, que muchos liberales en política no comparten, que es la creencia en el mercado, la creencia de que la economía va mejor cuando se rige por las leyes de la oferta y la demanda y el gobierno interviene sólo para mantener unas reglas del juego equitativas mientras deja que los particulares, a través de la competencia, produzcan y distribuyan la riqueza. Eso es lo que creen los liberales económicos. Ese aspecto de liberalismo económico estuvo muy reivindicado; luego de la catástrofe del socialismo real y de las economías intervenidas o estatalizadas, cuyos resultados fueron tan negativos para los pueblos que padecieron esas economías, el liberalismo parecía muy rejuvenecido y aceptado. Ahora más bien hay una regresión en ese sentido, y la palabra liberal se utiliza, habitualmente acompañada de un prefijo, ultra-liberal, para descalificar a las personas. Es una palabra que se emplea para decir que alguien cree que la solución de los problemas sólo pasa por el mercado, y que no tiene que ver con nada más, y que por lo tanto es una palabra que revela una actitud profundamente egoísta, de alguien que entiende la vida como un problema puramente técnico, de balances económicos, y que olvida que hay seres humanos que padecen, que tienen hambre, que pasan a la condición de parados por culpa de esos mercados, que vuelven a ser las bestias negras. Yo creo que es una cosa muy interesante, porque muestra cómo no podemos vivir los seres humanos, por lo menos dentro de nuestra cultura, sin mitos, sin bestias negras, sin gentes a las que descalificar y satanizar, a los que poder atribuir los problemas que vivimos, a los que contagiamos muchas veces nuestras propias deficiencias. Creo que esto está pasando hoy día con muchas democracias, incluso con democracias avanzadas. Vivimos en un momento histórico que es interesantísimo, uno de los más interesantes de toda la Historia, en el que, por primera vez, el mundo se ha integrado, las fronteras han desaparecido. Fundamentalmente, gracias a la economía, aunque no exclusivamente por eso. Los países son todos interdependientes, y eso ha creado, en contra de lo que dice mucha demagogia, una oportunidad única para los países pobres, para los países del tercer mundo. Los que han sabido aprovechar esta coyuntura han comenzado a progresar a un ritmo que era inconcebible hace unos pocos años. Pero para los países desarrollados, sobre todo los países europeos, esta nueva situación de globalización es muy difícil, es un gran desafío, porque les exige una profunda reconversión no sólo de sus sistemas industriales, de sus políticas sociales, sino de su mentalidad. Entender que hoy día Francia, por ejemplo, por más que es un gran país, por más que es un país muy rico, por más que es un país muy culto, ya no puede gobernar en función de lo que ocurre dentro de sus fronteras, porque lo que ocurre fuera de ellas tiene una repercusión fundamental para la vida de los franceses, para el trabajo de los franceses, para el éxito o el fracaso de las empresas francesas, y por lo tanto tiene que hacer una reforma, con muchos sacrificios, si quiere adaptarse a esa modernidad o, en caso contrario, pagarlo con caída de sus niveles de vida, con la pérdida de las situaciones de hegemonía que ha tenido, y eso vulnera tremendos intereses, y además hay una resistencia que es psicológica, que es cultural, que impide que se hagan esas reformas. Entonces viene esa reacción tradicional, instintiva, irracional: buscar al culpable. Los ultraliberales, los anglosajones, las multinacionales, los mercados: todo eso es una conspiración para acabar con la identidad francesa, con la cultura francesa. Hay que volver a cerrar las fronteras de alguna manera, para defendernos de este abaratamiento, de este encanallamiento, de esta destrucción de algo que fue tan fino, tan refinado. Ahí está la descalificación, que empieza a tener un papel muy importante en la vida política francesa y que explica lo que es la evolución política en Francia en los últimos años. Lo que también explica, en buena parte, la radicalización de la derecha, hasta el punto de resucitar al fascismo, que parecía en manos de unas pequeñas minorías pero que en Francia ya representa una fuerza de opinión considerable. Bueno, este fenómeno Francia lo está viviendo de una manera muy dramática, pero se vive también, con menos dramatismo, en el resto de los países desarrollados, fundamentalmente europeos. A propósito, acabo de leer ahora un libro interesantísimo sobre este tema, que es un libro terrorífico que se llama *El horror económico*, de una señora francesa, novelista, que escribió un ensayo económico donde no hay un solo dato económico. Lo que hay son fantasmas: hay una conspiración mundial de poderosos empresarios, dueños de multinacionales, para ocultar el fenómeno del paro. Cientos de millones de personas han perdido, están perdiendo, van a perder irremediablemente su trabajo, y no hay solución. Esa es la realidad que va a vivir la humanidad, según esta señora. Es un libro que han leído hasta las piedras, los obreros salen en Francia a manifestarse con pancartas que dicen "No al horror económico". Y todo eso es una fantasía, una creación a partir de unos miedos, que es lo que hacen los novelistas en sus novelas. Lo que pasa es que esta señora lo ha hecho en un ensayo que en realidad es una novela. Este es un fenómeno interesantísimo, que puede no sólo ser determinante en el declinar de ciertos países que estaban en la vanguardia del desarrollo mundial: el fenómeno de la globalización y la internacionalización.

Jorge Edwards

Creo que esa es una perspectiva real, pero europea. Veo que, por ejemplo ahora, en la conversación de Yang Tse Min con Clinton y con los parlamentarios norteamericanos, el tema de las libertades, el tema liberal tiene un giro sumamente interesante. En realidad. Yang Tse Min es un hombre que acepta que el mercado es lo que funciona en la economía, y por lo tanto China tiene que ir hacia un sistema de libertades económicas, lo que él llama un socialismo democrático. Pero eso es una palabra, porque de lo que habla realmente es de un sistema de mercado, un sistema de libertades económicas, y acepta que no puede haber libertad económica sin libertad política. Y esto sí que es fascinante: que China acepte que hay que ir a un sistema de libertades políticas y libertades económicas.

Mario Vargas Llosa

Pero luego no lo practican, ¿no? Es una definición teórica, pero no práctica.

Jorge Edwards

Yo creo que sí están dando algunos pasos, que pueden avanzar en ese camino, y creo también que la presión norteamericana es muy importante, porque ellos necesitan a Estados Unidos como socio comercial. Yo no soy totalmente pesimista en este caso. Lo que pasa es que el problema europeo es otro. Es un problema que no entiendo tan bien, pero veo que una economía como la francesa tiene el peso de una Seguridad Social que se construyó en el año 45 o en el año 46, que es una Seguridad Social extraordinaria, pero imposible de financiar dentro de una economía moderna, actual, porque es una economía en que se atiende muy bien a la desocupación, al paro. Claro, la desocupación es altísima, hoy día. O se obtiene una jubilación muy temprana, y resulta que la gente vive mucho más que en 1945. Es decir, que hay una masa de ancianos y una masa de desocupados que hay que mantener de acuerdo con una legislación que se hizo en 1945, sin pensar lo que podría significar eso hoy, en una economía como la de hoy. Realmente, Francia es un país que se ve en la necesidad de hacer recortes serios, y eso es muy difícil de aceptar para los franceses, y produce reacciones fascistoides que además se complican con el tema de la inmigración. La Unión Europea es la gran respuesta a todos esos problemas, es la posibilidad de construir un circuito económico más amplio, en el que ese tipo de problemas se puede resolver mejor. No es que se vaya a resolver de forma perfecta, nada se va a resolver en forma perfecta, pero sí se va a resolver este panorama difícil, sobre todo en un país como Francia que, además, complica toda esta problemática con un orgullo nacional, con una historia que ellos creen que es la Historia central de la humanidad, y con hechos que les demuestran que ellos ya no son el centro del mundo, que su cultura ya no es central. Eso lo tragan con enorme dificultad. Lo sé, porque he vivido estos últimos años allá, he sido diplomático ante la UNESCO, y veo que tragar esa situación, aceptar un puesto secundario, sobre todo en el tema de la cultura, es terriblemente duro para los franceses. Pero creo que hay un proceso de crisis y de maduración que va a desembocar más o menos bien. Le Pen ya llegó a su mejor momento y a partir de ahí va a tender a bajar. Lo interesante para mí es que en el mundo exterior a Europa, que es el mundo al que yo pertenezco y donde yo vivo, y que es un mundo muy grande, hay un progreso enorme de la idea de las libertades públicas y de la idea de la democracia. Yo he presidido en la UNESCO, hasta hace una semana, un Comité de Derechos Humanos en los temas que son competencia de la UNESCO, es decir, en los temas de la cultura, de la educación, la ciencia y la comunicación. Cuando uno está en ese comité se da cuenta de que todos los casos de derechos humanos habidos y por haber están relacionados con la libertad de expresión, con la cultura, etcétera. En ese comité me ha tocado discutir y negociar con los representantes chinos, algo muy difícil y muy complicado. Yo a veces terminaba a las once de la noche las sesiones de trabajo, y me sentía muy cerca del suicidio, lo confieso. Era una situación compleja, porque los chinos saben que si abren mucho la mano pueden tener una situación caótica, pero al mismo tiempo ellos están interesados, creo yo, de una forma seria, en dar pasos hacia una democratización de China. Es mi impresión. Eso, claro, repercute en Tailandia, en Malasia, en todas partes. A ello se une un panorama latinoamericano muy diferente al de hace veinte años, porque a pesar de que haya retrocesos en Perú, y problemas en Chile, y problemas en todas partes, la situación es distinta. En México, en Brasil, en Chile, en Argentina, la situación es diferente. Hay graves problemas, claro. Creo que el narcotráfico es uno de los más serios, porque es un foco corruptor que no permite el desarrollo de una democracia moderna: todo son sobornos, y se corrompe incluso al poder judicial, que es lo más grave. Es algo que se ha podido ver en mi país, con una sorpresa enorme: unos narcotraficantes mexicanos estaban instalados en Chile, y vivían a cuerpo de rey y hacían inversiones fantásticas, y no se sabía. Fueron expulsados, y hay uno que aún está preso. Es complejo, pero yo creo que hay un cierto avance hacia un mundo de mayores libertades, en que la palabra liberal ya ha dejado de ser una palabra grosera.

Blas Matamoro

Bueno, hemos cantado todo el repertorio y se nos ha ido además el tiempo para los números fuera de programa, para la propina. Los vamos a dejar para la próxima visita de Edwards y de Vargas Llosa a Madrid. Está de más decir que esta casa es la vuestra. No cerramos la puerta con llave, no ponemos rejas en las ventanas, así que a cualquier hora que lleguen pueden dar un empujón y penetrar. Gracias por la participación.

A continuación cedo la palabra a Jesús Gracia, para que cierre la sesión.

Jesús Gracia

Blas, Mario, Juancho, señoras y señores: muchas gracias por su presencia acompañando a Jorge Edwards en esta última sesión de la Semana de Autor; y Jorge, deseamos que hayas estado satisfecho durante estos días, con estos amigos que te han acompañado revisando tu obra, dándote cuenta de que cincuenta años se pasan en nada.

Jorge Edwards

Se pasan volando.

Jesús Gracia

Muchísimas gracias, y enhorabuena.

Cronología

Nació en Santiago, Chile, en 1931.

Estudios en el colegio de San Ignacio de Santiago y en la Universidad de Chile (Escuela de Derecho y Facultad de Filosofía). Título de abogado. Estudios de postgrado en la Universidad de Princenton, Estados Unidos (Escuela Woodrow Wilson de Asuntos Públicos e Internacionales).

Ejerce diversas profesiones —abogado, periodista, agricultor— antes de ingresar en 1957 por concurso público en el Servicio Diplomático chileno. Miembro de la Dirección Económica del Ministerio de Relaciones Exteriores hasta 1962. Funcionario del Departamento que lleva los asuntos relacionados con la integración latinoamericana. Delegado de Chile ante el GATT en 1960, con motivo de la discusión del Tratado de Montevideo (que creó la ALALC). Entre 1962 y 1967, Secretario de la Embajada de Chile en Francia. Durante parte de ese período es Delegado Alterno de Chile ante el Consejo Ejecutivo de la UNESCO. De regreso a Chile en 1967, jefe del Departamento de Europa Oriental del Ministerio. Viaja a Cuba a comienzos de 1968, invitado a formar parte del Congreso Cultural de La Habana y a ser miembro del jurado de los premios literarios que otorga Casa de las Américas. 1970: Consejero de la Embajada de Chile en Perú. Fines de 1970 —marzo de 1971: Encargado de Negocios y Ministro plenipotenciario en La Habana. 1971-1973: Ministro Consejero en Francia, mientras el Embajador es Pablo Neruda.

Sale de la carrera diplomática en octubre de 1973, después del golpe militar en Chile, y permanece en Barcelona hasta 1978. Asesor literario de la editorial Seix Barral. Director editorial de Difusora Internacional, S.A. Dicta conferencias en diversas universidades e instituciones españolas: universidades de Zaragoza, Barcelona, Madrid, Tenerife, Colegio Mayor de Sevilla, etc. Miembro del jurado de numerosos premios literarios. Sus artículos y ensayos se publican en *La Vanguardia* de Barcelona, la revista barcelonesa *Destino*, etc.

Después de su regreso a Chile en diciembre de 1978 contribuye a formar el Comité de Defensa de la Libertad de Expresión y lo preside durante dos años. Es elegido miembro de número de la Academia Chilena de la Lengua y designado miembro correspondiente de la Real Academia Española. Desde comienzos de 1987, es uno de los catorce miembros fundadores del Comité de Elecciones Libres, formado por representantes de toda la oposición democrática a la dictadura y que realizará una importante acción en el país con motivo del plebiscito de octubre de 1988.

Profesor invitado en diversas universidades norteamericanas: Estado de Colorado, Vanderbilt, Universidad de Chicago y Georgetown University. Dicta cursos de literatura comparada y de literatura latinoamericana: la influencia de William Faulkner en la narrativa latinoamericana; el novelista como lector (Gustave Flaubert leído por Mario Vargas Llosa), etc. En Santiago de Chile dirige un curso sobre "literaturas del yo" centrado en los escritos autobiográficos de Jean-Jacques Rousseau y Stendhal. Invitado en 1986 y 1987 a residir en Berlín Occidental por el programa de arte de la DAAD. Dicta conferencias en universidades de Berlín y Hamburgo. Interviene en dos seminarios en la Casa de las Culturas del Mundo (Berlín). Participa en una lectura bilingüe de sus obras patrocinada por la DAAD y en diversos programas en castellano de radios alemanas.

Ha publicado artículos y ensayos en diversos periódicos y revistas de Europa y de América del Norte y del Sur. Es miembro del consejo de redacción de la revista *Vuelta*, de México, que dirige Octavio Paz. Sus cuentos figuran en antologías en numerosos idiomas y algunos han sido llevados al cine para televisión. Sus libros han sido traducidos al inglés, francés, italiano, alemán, holandés y portugués (en Brasil y en Portugal). En Francia, *Le poids de la nuit* (1971) y *Le musée de cire* (1981), traducciones de Claude Couffon y Claude Bourguignon, ediciones Albin Michel. *Persona non grata* (1975), Plon. *Créations imparfaites et autres contes* (1995), Moraima.

Actualmente prepara la edición de una selección de sus crónicas y trabaja en una novela histórica que transcurre en España y en Chile a fines del siglo XVIII. En el verano europeo de 1991 hizo la conferencia inaugural de los cursos de verano de la Universidad Menéndez Pelayo en La Coruña y de la Universidad Hispanoamericana Santa María de La Rábida. En La Coruña habló de cultura y política en el actual momento de América Latina. Su conferencia de La Rábida versó sobre el tema: "La historia como ficción". A comienzos de noviembre del 91, la Fundación Germán Ruipérez, de Madrid, dedicó un ciclo de cuatro días a su obra con participación de críticos y escritores españoles y latinoamericanos. Participa en el Simposium "El descubrimiento de Occidente", Sevilla, 2 al 5 de abril de 1992. Pronuncia la conferencia del día del idioma español de la UNESCO en abril de 1992. Invitado al ciclo de "Belles Lettres Etrangères" por el gobierno francés: conferencias en París, Lyon y Aix-en-Provence. Dirige un curso sobre novela histórica en la Universidad Internacional Menéndez Pelayo, sede de La Coruña, en julio de 1992. Otro sobre novela de España y América en julio de 1993 en El Escorial.

Existe una abundante bibliografía sobre su obra de escritor. En diciembre de 1992 se publica el libro *Acercamiento a Jorge Edwards,* obra del profesor Pedro Osses González (Editorial La Noria, Santiago, diciembre de 1992). En 1994 se publica en Madrid, Editorial Pliegos, el libro *Las inquisiciones de Jorge Edwards,* obra del profesor Bernard Schulz Cruz (Okanagan University College, Canadá).

En 1993 es designado Representante del Presidente de la República ante el Consejo Nacional de Fomento del Libro y de la Lectura de Chile. En 1994, el Presidente Eduardo Frei lo nombra Embajador ante la UNESCO. Renuncia en forma voluntaria en 1996. También ha representado a Chile ante el Consejo Ejecutivo de la UNESCO.

Recibe a comienzos de 1994 el premio "Atenea" de la Universidad de Concepción, que había sido suspendido durante cerca de veinte años, por su libro *Fantasmas de carne y hueso.* Obtiene por el conjunto de su obra el Premio Nacional de Literatura de Chile en 1994.

Bibliografía de Jorge Edwards

- *El patio*, Carmelo Soria, Santiago de Chile, 1952

- *Gente de la ciudad*, Universitaria, Santiago de Chile, 1961

- *Las máscaras*, Seix Barral, Barcelona, 1967

- *El peso de la noche*, Zig Zag, Santiago de Chile, 1967

- *Persona non grata*, Grijalbo, Barcelona, 1975

- *Desde la cola del dragón*, Dopesa, Barcelona, 1977

- *Mito, historia y novela (discurso de ingreso en la Academia Chilena de la Lengua)*, Universitaria, Santiago de Chile, 1980

- *El museo de cera*, Bruguera, Barcelona, 1981

- *La mujer imaginaria*, Plaza y Janés, Barcelona, 1985

- *Los convidados de piedra*, Plaza y Janés, Barcelona, 1985

- *El anfitrión*, Plaza y Janés, Barcelona, 1987

- *Adiós poeta*, Tusquets, Barcelona, 1990

- *Cuentos completos*, Plaza y Janés, Barcelona, 1990

- *El regalo*, Compañía Europea de Comunicación, Barcelona, 1991

- *Fantasmas de carne y hueso*, Tusquets, Barcelona, 1993

- *El origen del mundo*, Tusquets, Barcelona, 1996

- *Chile espectacular* (en colaboración con Mauricio Wacquez), Lundwerg, Barcelona, 1996

- *El whisky de los poetas*, Alfaguara, Madrid, 1997

Bibliografía sobre Jorge Edwards

— Eduardo Godoy, Haydée Ahumada Peña y Carlos Díaz Amigo: *La generación del 50 en Chile,* La Noria, Santiago de Chile, 1991

— Cedomil Goic: *La novela chilena. Los mitos degradados,* Universitaria, Santiago de Chile, 1991

— Manuel Alcides Jofré: "Novela chilena contemporánea" en revista *Logos,* año 1989, n° 1/2

— Juan Andrés Piña: *Conversaciones con la narrativa chilena,* Los Andes, Santiago de Chile, 1991

— José Promis: "Balance de la novela en Chile", en revista *Hispamérica,* año 1990, n° 19:55

— José Promis: *La novela chilena del último siglo,* La Noria, Santiago de Chile, 1993

— Sergio Saldes: "Narrativa chilena", en revista *Aisthesis,* año 1991, n° 24

— Lucía Guerra-Cunningham: *Texto e ideología en la narrativa chilena,* The Prisma Institute, Minneapolis, 1987

— Manuel Alcides Jofré: *La novela chilena,* Athens, Georgia, 1987

— Jorge Román Lagunas: "La novela chilena" en *Revista Chilena de Literatura,* noviembre de 1984

— *Seminario Nacional en torno al cuento y la narrativa breve en Chile,* Universidad Católica, Valparaíso, 1984

— Bernard Schulz Cruz: *Las inquisiciones de Jorge Edwards,* Pliegos, Madrid 1994

— Carlos Alfieri: "Jorge Edwards la ficción de la memoria", en *Cuadernos Hispanoamericanos*, n° 571, enero de 1998

— "Semana de autor de Jorge Edwards", en *Cuadernos Hispanoamericanos*, n° 571, enero de 1998

— "Semana de autor de Jorge Edwards", en *Cuadernos Hispanoamericanos*, n° 568, octubre de 1997

— Mario Vargas Llosa y Jorge Edwards: "Diálogo en Madrid", en *Cuadernos Hispanoamericanos*, n° 572, febrero de 1998

Para referencias más puntuales y extensas, consultar el citado libro de Bernard Schulz Cruz.

Participantes

Juan Jesús Armas Marcelo. Escritor. Ex-director de Tribuna Americana de Casa de América.

Nora Catelli. Crítica y ensayista. Profesora de Teoría Literaria y Literatura Comparada de la Universidad de Barcelona.

Teodosio Fernández. Catedrático de Literatura Hispanoamericana de la Universidad Autónoma de Madrid.

Gustavo Guerrero. Ensayista y crítico venezolano. Responsable del área hispánica en la Editorial Gallimard.

Blas Matamoro. Ensayista y crítico. Director de la revista *Cuadernos Hispanoamericanos*.

Javier Pradera. Periodista. Co-director de la revista *Claves de Razón Práctica*. Analista político de *El País*.

Carmen Riera. Escritora, crítica y ensayista. Catedrática de Literatura española de la Universidad Autónoma de Barcelona.

Fanny Rubio. Escritora, crítica y ensayista. Profesora de la Universidad Complutense de Madrid.

Federico Schopf. Crítico y ensayista chileno. Profesor de la Universidad de Santiago de Chile.

Bernard Schulz Cruz. Crítico y ensayista chileno. Profesor de la Universidad de Okanagan (Canadá).

Eva Valcárcel. Crítica y ensayista. Profesora de Literatura Hispanoamericana en la Universidad de Santiago de Compostela.

Mario Vargas Llosa. Escritor. Miembro de la Real Academia Española.

Mauricio Wacquez. Escritor chileno.